职业技术教育与培训系列教材

会　计
培训教程

主　编　张巨强

天津大学出版社
TIANJIN UNIVERSITY PRESS

图书在版编目（CIP）数据

会计培训教程 / 张巨强主编. -- 天津：天津大学出版社，2021. 5

职业技术教育与培训系列教材

ISBN 978 - 7 - 5618 - 6916 - 1

Ⅰ. ①会…　Ⅱ. ①张…　Ⅲ. ①会计—职业教育—教材

Ⅳ. ①F23

中国版本图书馆 CIP 数据核字（2021）第 082466 号

出版发行　天津大学出版社
地　　址　天津市卫津路 92 号天津大学内（邮编：300072）
电　　话　发行部：022 - 27403647
网　　址　www. tjupress. com. cn
印　　刷　北京盛通商印快线网络科技有限公司
经　　销　全国各地新华书店
开　　本　185mm × 260mm
印　　张　6. 5
字　　数　169 千
版　　次　2021 年 5 月第 1 版
印　　次　2021 年 5 月第 1 次
定　　价　21. 00 元

亚洲开发银行贷款甘肃白银城市综合发展项目

职业教育与培训子项目短期培训课程课本教材

本书编审人员

主　　编　张巨强

副 主 编　杨芳蕊　段俊芳　宋学栋

前 言 PREFACE

《现代职业教育体系建设规划（2014—2020年）》（以下简称《规划》）要求："大力发展现代农业职业教育。以培养新型职业农民为重点，建立公益性农民培养培训制度。推进农民继续教育工程，创新农学结合模式。"2011年，甘肃省启动兰州—白银经济圈，试图通过整合城市和工业基地推动其经济转型。2018年靖远县刘川工业园区正式被国家批准为省级重点工业园区，为推进工业强县战略奠定基础。为了确保白银市的成功转型，白银市政府实施了亚洲开发银行（以下简称"亚行"）贷款城市综合发展二期项目。在项目实施中，亚行及白银市政府高度重视职业技术教育与培训工作，以期依靠职业技能培训为刘川工业园区入驻企业及周边新兴行业培养留得住、用得上的技能型人才，为促进地方经济顺利转型提供技术和人才保证。本次系列教材的组织规划正是响应了国家关于职业教育发展方向的号召，以出版行业为载体，构建完整的就业培训课程体系。

本课程所用教材是按照中华人民共和国财政部制定的《企业会计准则——基本准则》编写的。相应课程主要培养学员的职业岗位基本技能，并为进一步培养学员的职业岗位综合能力奠定坚实基础。通过培训，学员可以掌握会计基本理论和操作技能，能熟练使用计算机等工具进行实务操作，具备运用基本技能解决实际问题的能力，为以后进一步发展能力奠定基础，成为具备良好的职业道德和敬业精神的一线工作岗位的应用型财会人才。本书任务一、任务二由张巨强编写，任务三由杨芳蕊编写，任务四由段俊芳、宋学栋编写，全书由张巨强统稿和定稿。

本书在编写过程中得到靖远县职业中等专业学校和陕西琢石教育科技有限责任公司等单位的领导、专家的大力支持和帮助，在此表示衷心的感谢。

限于编者水平，书中不足之处欢迎培训单位和培训学员在使用过程中提出宝贵意见，以臻完善。

编 者

内容导读

我国从周代就有了专设的会计官职，掌管赋税收入、钱银支出等，进行月计、岁会。亦即，每月零星盘算为计，一年总盘算为会，两者合在一起即成“会计”一词。

所谓会计，就是把企业有用的各种经济业务统一成以货币为计量单位，通过记账、算账、报账等一系列程序来提供反映企业财务状况和经营成果的经济信息。会计有两层含义：一是指会计工作，二是指会计工作人员。会计工作是根据《中华人民共和国会计法》（以下简称《会计法》）、《中华人民共和国预算法》（以下简称《预算法》）、《中华人民共和国统计法》（以下简称《统计法》），核对记账凭证、财务账簿、财务报表，从事经济核算和监督的过程，是以货币为主要的计量单位，运用专门的方法，核算和监督一个单位经济活动的一种经济管理工作；会计工作人员是进行会计工作的人员，有会计主管、会计监督和核算、财产管理、出纳等人员。

我国《企业会计准则——基本准则》中对会计核算的目标做了明确规定：会计的目标是向财务报告使用者提供与企业财务会计状况、经营成果和现金流量等有关的会计信息，反映企业管理层受托责任履行情况，有助于财务报告使用者作出经济决策。

目录 CONTENTS

任务一 熟悉企业与会计

01

在企业经营活动中，企业会计贯穿始终，为企业的经济活动做出预算和核算，为企业管理发展提供信息，而这些信息的真实性与准确性直接影响企业的投资计划与经济决策，对企业的经营发展起到重大作用。综上，企业会计的核算与监督对企业发展至关重要。

项目一 企业基本信息

任务描述

企业一般是指以营利为目的，运用各种生产要素（土地、劳动力、资本、技术和企业家才能等），向市场提供商品或服务，实行自主经营、自负盈亏、独立核算的法人或其他社会经济组织。

在商品经济范畴内，作为组织单元的多种模式之一，企业为按照一定的组织规律有机构成的经济实体，以实现投资人、客户、员工、社会大众的利益最大化为使命，通过提供产品或服务换取收入。它是社会发展的产物，随着社会分工的发展而壮大。

企业是市场经济活动的主要参与者；在社会主义经济体制下，各种企业并存共同构成社会主义市场经济的微观基础。企业存在三类基本组织形式，即独资企业、合伙企业和公司，其中公司制企业是现代企业中最主要、最典型的组织形式。

任务实施

了解企业的基本内容后，让我们看看企业基本信息都有哪些吧！

步骤一 企业基本情况

一、营业执照

营业执照是工商行政管理机关发给工商企业、个体经营者的准许从事某项生产经营活动的凭证。其格式由国家市场监督管理总局统一规定，如图 1－1－1 所示。

其登记事项包括名称、类型、法定代表人、经营范围、注册资本、成立日期、营业期限、住所等。营业执照分正本和副本，二者具有相同的法律效力。正本应当置于公司住所或营业场所的醒目位置。营业执照不得伪造、涂改、出租、出借、转让。

没有营业执照的工商企业或个体经营者一律不许开业，不得刻制公章、签订合同、注册商标、刊登广告，亦不得在银行开立账户。

图 1－1－1 营业执照模板

知识链接 营业执照内容解读

1. 名称

从名称可以看出一个企业大致的性质。比如名称中带“有限公司”字样的企业，除了国有独资有限责任公司以外，必定有 2 个以上的股东；国有企业肯定不能称为“有限公司”，私营独资企业、联营企业、个体工商户、集体企业也不能称为“有限公司”；外资企业一般都是有限公司（早期极个别特别审批的情况除外）。

若企业名称与企业性质不符，如“×××有限公司”的企业性质是“私营独资企业”，则该营业执照肯定有问题。

2. 统一社会信用代码

统一社会信用代码是一组长度为18位的用于法人和其他组织身份识别的代码。统一社会信用代码由国家标准化管理委员会发布。统一社会信用代码制度是以居民身份证号码和组织机构代码为基础的主体标识代码制度，包括公民统一社会信用代码、法人和其他组织统一社会信用代码。

3. 住所

住所是企业登记注册的经营场所，《工商登记注册条例》规定企业登记注册时必须提供房产证明或者租赁合同。个别地区对于跨区经营要求必须设立分支机构，比如“上海××有限公司”，注册在“上海市金山开发区”，如果其经营地址位于上海市区，则经营范围中必须有“附设分支机构”等字样。

4. 法定代表人

法定代表人是法人应登记的事项之一，这是法律规定的必经程序，如有变更，应及时办理变更法定代表人的登记手续。法人代表和法定代表人是两个不同的法律概念，法人代表一般是指根据法人的内部规定担任某一职务或由法定代表人指派代表法人对外依法行使民事权利和义务的人，它不是一个独立的法律概念。而法定代表人是一个确定的法律概念，它是指依照法律或法人组织章程规定，代表法人行使职权的负责人，是法人的法定代表人。没有正职负责人的法人，由主持工作的副职负责人担任法定代表人；设有董事会的法人，以董事长为法定代表人；没有董事长的法人，经董事会授权的负责人可作为法人的法定代表人。

5. 注册资本

公司设立登记或者变更注册资本时提交的验资证明，须由经工商行政管理机关登记注册的会计师事务所或者审计事务所出具。会计师事务所或者审计事务所出具的验资证明，应当符合《中华人民共和国公司法》和其他有关法律、行政法规、规章的规定。

6. 类型

目前中国存在的企业类型复杂繁多，主要包括有限责任公司、国有企业、集体企业、联营企业、中外合资企业、中外合作企业、外商独资企业、个体工商户、个人独资企业等。对不同类型的企业申请营业执照时应登记的名称、注册号、注册资本等都有不同的要求。

7. 经营范围

经营范围是指国家允许企业生产和经营的商品类别、品种及服务项目，反映企业业务活动的内容和生产经营方向，是企业业务活动范围的法律界限，体现企业民事权利能力和行为能力的核心内容。

简单来说，经营范围是指企业可以从事的生产经营与服务项目，是进行公司注册申请时的必填项。

8. 营业期限

营业期限是指公司存续的有效时间，分为有期限和无期限两种。有期限又分两种情形：一是自拟期限，指股东或发起人在章程上载明了营业期限；二是法定期限，指管理机关要求在章程上必须标明的期限。无期限是法律不强制要求公司表明存续期的一种态度。

9. 成立日期

成立日期是指企业在工商行政管理部门登记成立的日期，也是企业营业执照首次签发的日期。有些企业营业执照上面的成立日期早于发证日期或者早于营业期限的起始日期，主要是该企业向登记机关申请了换发营业执照的缘故。

10. 登记机关

我国公司登记机关是工商行政管理机关。

11. 发证日期

发证日期一般就是营业执照的签发日期。第一次发证日期应该和企业的营业期限起始日期一致。

二、开户许可证

开户许可证（如图1－1－2所示）是由中国人民银行核发的一种开设基本账户的凭证。凡在中华人民共和国境内金融机构开立基本存款账户的单位，可凭此证办理其他金融往来业务。

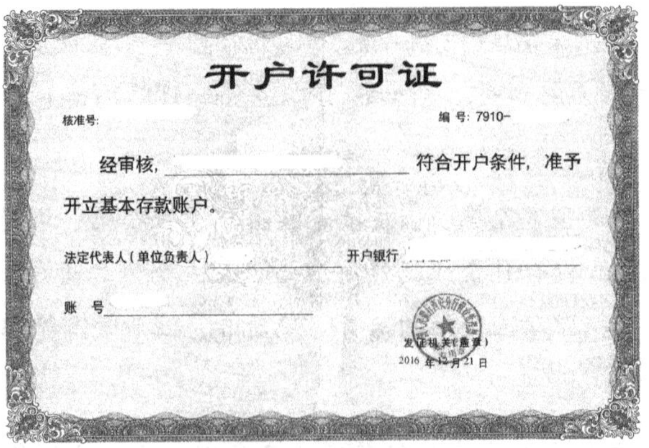
开户许可证

核准号：　　编 号：7910－

经审核，＿＿＿＿＿＿＿＿ 符合开户条件，准予开立基本存款账户。

法定代表人（单位负责人）＿＿＿＿＿＿ 开户银行＿＿＿＿＿＿

账 号＿＿＿＿＿＿

发证机关（盖章）
2016 年 12 月 21 日

图1－1－2　开户许可证

三、企业印章

企业印章是指企业刻制的以文字、图记表明主体同一性的公章、专用章，它是企业从事民事活动、行政活动的符号和标记。

企业印章主要包括企业公章、法人印章、财务专用章，多数企业还有合同专用章、发票专用章，如图 1－1－3 所示。另外，企业也可选择刻制业务专用章和部门专用章。

企业宣传、企业管理、对外业务、企业决策、行政事务等有关文书（包括各类合同）需加盖公章或合同专用章；企业对外开具的票据和与企业相关的金融事务以及财务报表须使用财务专用章；企业内部生产、管理使用部门专用章。部门专用章不直接对外使用，对外不具有法律效力，只用于本部门对外的一般业务宣传或代表本部门向公司书面汇报情况或提议。

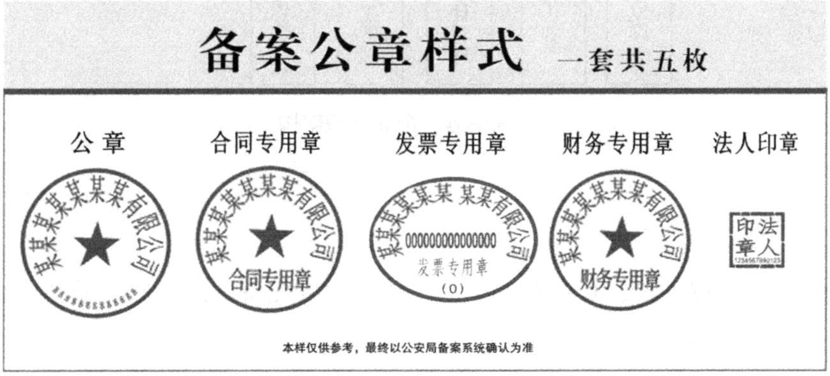

图1－1－3　企业印章

步骤二　企业组织架构及人员设置

一、企业组织架构

企业组织架构是企业进行流程运转、部门设置及职能规划等最基本的结构依据，常见组织架构形式包括中央集权、分权、直线以及矩阵式等。

企业组织架构是一种决策权的划分体系以及各部门的分工协作体系，如图 1－1－4 所示。组织架构需要根据企业总目标，把企业管理要素配置在一定的方位上，确定其活动条件，规定其活动范围，形成相对稳定的科学的管理体系。

没有组织架构的企业是一盘散沙。组织架构不合理会严重阻碍企业的正常运作，甚至导致企业经营的彻底失败。相反，适宜、高效的组织架构能够最大限度地释放企业的能量，使组织更好地发挥协同效应，达到“1＋1＞2”的合理运营状态。

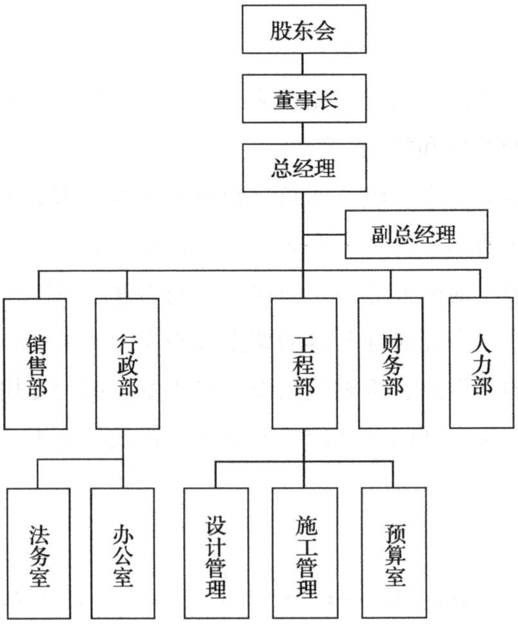

图1－1－4　企业组织架构

二、人员设置

人员设置又称岗位设置，是指对组织中全体人员的配备，既包括主管人员的配备，也包括非主管人员的配备。人员设置属于管理学的概念，是企业组织管理中一个非常重要的环节，也是现代企业进行人才梯度建设的基础环节。企业部门岗位设置见表1－1－1。

表1－1－1　企业部门岗位设置表

部门名称			
职位总数		部门总人数	
职位名称	职位人数	主要职责分工	

步骤三　企业产品生产流程

生产流程，又叫工艺流程或加工流程，是指在生产中，从原料投入到成品产出，通过一定的设备按顺序连续地进行加工的过程；也指产品从原材料到成品的制作过程中要素的组合。

图 1－1－5 为某果汁饮料生产流程图。

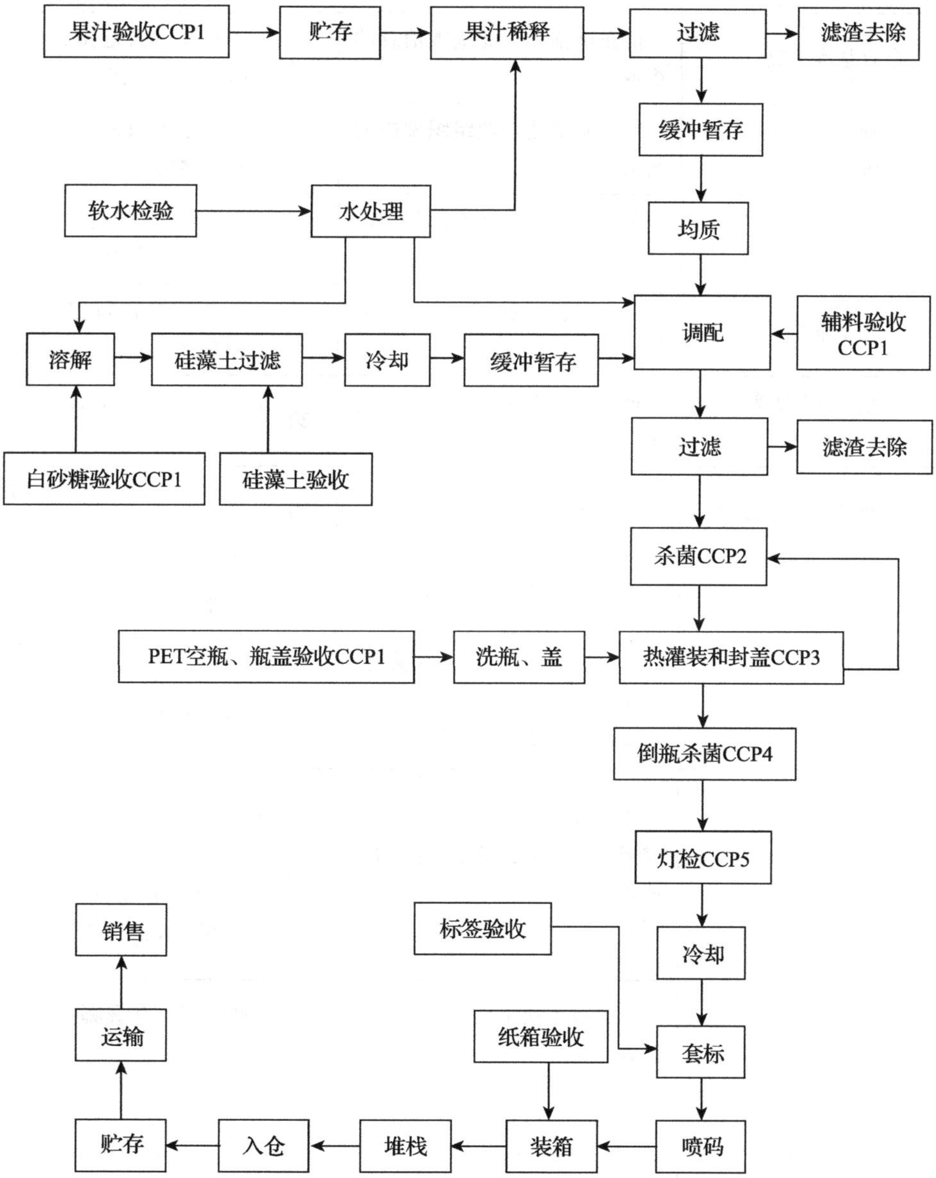

图1－1－5　果汁饮料生产流程图

过程考核评价

知晓企业状况过程考核评价的内容见表1－1－2。

表1－1－2 知晓企业状况过程考核评价表

<table>
<tr><th colspan="6">学习任务1－1 知晓企业状况</th></tr>
<tr><td>学员姓名</td><td></td><td>学号</td><td>班级</td><td>日期</td><td></td></tr>
<tr><td>项目</td><td>考核项目</td><td>考核要求</td><td>配分</td><td>评分标准</td><td>得分</td></tr>
<tr><td rowspan="3">知识目标</td><td>企业基本情况</td><td>能正确描述企业基本信息的组成</td><td>10</td><td>描述不清楚扣5分，缺一项内容扣2分</td><td></td></tr>
<tr><td>企业组织架构及职员分布</td><td>能正确描述企业组织架构的组成</td><td>10</td><td>描述不清楚扣5分，缺一项内容扣2分</td><td></td></tr>
<tr><td>企业产品生产流程</td><td>能正确描述企业产品的生产流程</td><td>10</td><td>描述不清楚扣5分，缺一项内容扣2分</td><td></td></tr>
<tr><td rowspan="3">能力目标</td><td>企业基本情况</td><td>能熟练掌握企业印章的使用场合</td><td>10</td><td>使用场合每错一次扣5分</td><td></td></tr>
<tr><td>企业组织架构人员设置</td><td>能根据组织架构进行人员的配备</td><td>20</td><td>人员配备不合理扣5分</td><td></td></tr>
<tr><td>企业产品生产流程</td><td>能独自设计一套产品流程</td><td>20</td><td>每缺失一项内容扣5分</td><td></td></tr>
<tr><td rowspan="2">方法及社会能力</td><td>过程方法</td><td>（1）学会自主发现、自主探索的学习方法；
（2）学会在学习中反思、总结，调整自己的学习目标，在更高水平上获得发展</td><td>10</td><td>学员在工作中有反思，有创新见解，能自主发现、自主探索，考官酌情给5～10分</td><td></td></tr>
<tr><td>社会能力</td><td>小组成员间团结、协作共同完成工作任务，养成良好的职业素养（包括工服穿戴、工位卫生等）</td><td>10</td><td>（1）工服穿戴不全扣5分；
（2）工位卫生情况差扣5分</td><td></td></tr>
<tr><td colspan="2">实训总结</td><td colspan="4">你完成本次工作任务的体会（学到哪些知识，掌握哪些技能，有哪些收获）：</td></tr>
<tr><td colspan="2">得分</td><td colspan="4"></td></tr>
</table>

工作小结

项目二 企业会计核算流程

任务描述

会计核算是准确表明企业财产流动状态的可靠助手。企业的运营发展必然产生很多流动资金和固定资产，这些财产对于企业的发展发挥着至关重要的作用。企业财产往往通过财务部门进行登记管理，而完成登记管理工作往往需要会计人员准确无误地进行核算工作。因此，优质高效的会计核算，可以为企业流动资金和固定资产做好记录，使各项资金或某些固定资产有一个明晰的流动状态，使财产拥有可靠的处置依据。

通过上述介绍，我们知道了会计核算在企业经营中的重要性。什么是会计呢？会计又能做什么呢？

知识储备 会计概念、职能和目标

一、会计概念

所谓会计，是以货币为主要计量单位，采用专门方法和程序，对企业和行政、事业单位的经济活动进行完整的、连续的、系统的核算和监督，以提供经济信息和反映受托责任履行情况为主要目的的经济管理活动。

二、 会计职能

会计的职能是指会计在经济管理活动中所具有的内在功能。作为“过程的控制和观念总结”的会计，具有会计核算和会计监督两项基本职能，还具有预测经济前景、参与经济决策、评价经营业绩等拓展职能，如图 1－2－1 所示。

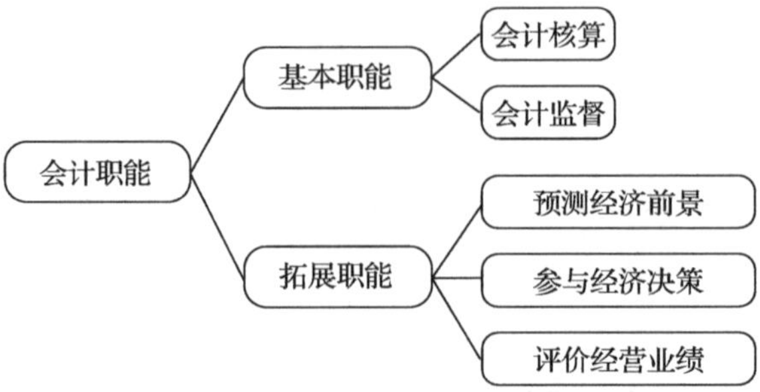

图1－2－1 会计的职能

（一）基本职能

1．核算职能

会计核算职能是指会计以货币为主要计量单位，对特定主体的经济活动进行确认、计量和报告。会计核算贯穿经济活动的全过程，是会计最基本的职能。

根据《会计法》第十条的规定，下列经济业务事项应当办理会计手续，进行会计核算：①款项和有价证券的收付；②财物的收发、增减和使用；③债权债务的发生和结算；④资本、基金的增减；⑤收入、支出、费用、成本的计算；⑥财务成果的计算和处理；⑦需要办理会计手续、进行会计核算的其他事项。

2．监督职能

会计监督职能是指会计人员在进行会计核算的同时，对特定主体的经济活动和相关会计核算的真实性、合法性和合理性进行审查。

（1）真实性审查是指检查各项会计核算是否根据实际发生的经济业务进行。

（2）合法性审查是指检查各项经济业务是否符合国家有关法律法规，遵守财经纪律，执行国家各项方针政策，以杜绝违法乱纪行为。

（3）合理性审查是指检查各项财务收支是否符合客观经济规律及经营管理方面的要求，保证各项财务收支符合特定的财务收支计划，实现预算目标。

会计核算与会计监督两者是相辅相成、辩证统一的关系。会计核算是会计监督的基础，没有会计核算所提供的各种信息，监督就失去了依据；会计监督又是会计核算质量的保障，只有核算没有监督，就难以保障所提供信息的真实性、可靠性。

（二）拓展职能

（1）预测经济前景是指根据财务报告等提供的信息，定量或者定性地判断和推测经济活动的发展变化规律，以指导和调节经济活动，提高经济效益。

（2）参与经济决策是指根据财务报告等提供的信息，运用定量分析和定性分析的方法，对备选方案进行经济可行性分析，为企业经营管理等提供与决策相关的信息。

（3）评价经营业绩是指利用财务报告等提供的信息，采用适当的方法，对照相应的评价标准，对企业一定经营期间的资产运营、经济效益等经营成果，进行定量及定性对比分析，做出真实、客观、公正的综合评判。

三、 会计目标

会计目标也称会计目的，是要求会计工作完成的任务或达到的标准，即向财务报告使用者提供与企业财务状况、经营成果和现金流量等有关的会计信息，反映企业管理层受托责任履行情况，有助于财务报告使用者做出经济决策。

财务报告外部使用者主要包括投资者、债权人、政府及其有关部门和社会公众等。

财务报告提供的信息应当如实反映企业所拥有或者控制的经济资源、对经济资源的要求权以及经济资源及其要求权的变化情况，如实反映企业的各项收入、费用和利润的金额及其变动情况，如实反映企业各项经营活动、投资活动和筹资活动等所形成的现金流入和现金流出情况等，从而有助于现在的或者潜在的投资者正确、合理地评价企业的资产质量、偿债能力、赢利能力和营运效率等，有助于投资者根据相关会计信息做出理性的投资决策，有助于投资者评估与投资有关的未来现金流量的金额、时间和风险等。除投资者以外，企业财务报告的外部使用者还有债权人、政府及其有关部门、社会公众等。由于投资者是企业资本的主要提供者，如果财务报告能够满足这一群体的会计信息需求，通常情况下也可以满足其他使用者的大部分信息需求。

| 任务实施 |

了解会计的基本职能后，让我们按下面的步骤进行本项目的实施操作吧！

步骤一 熟悉会计核算流程

企业会计工作采用集中核算形式，财务处理采用科目汇总表程序，即根据记账凭证定期编制科目汇总表，并登记总账，如图 1 - 2 - 2 所示。

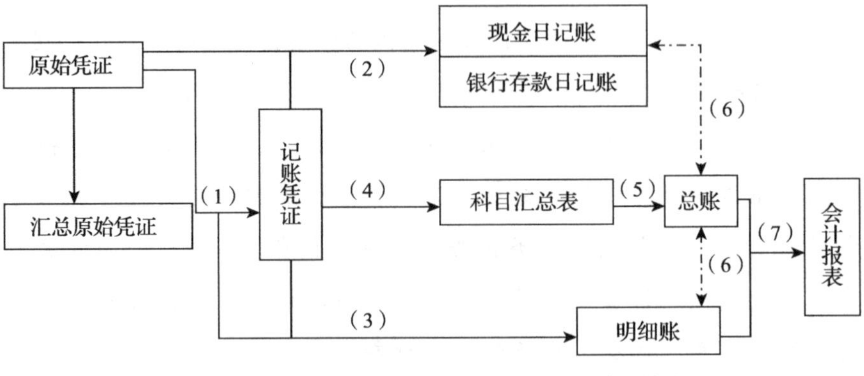

注：——▶ 表示填制、登记、编制； ◀- · -▶ 表示核对。

图1-2-2 科目汇总表核算流程

（1）根据原始凭证或汇总原始凭证填制记账凭证。

（2）根据记账凭证，逐笔登记现金日记账和银行存款日记账。

（3）根据记账凭证并参考原始凭证登记各种明细账。

（4）根据记账凭证编制科目汇总表。

（5）根据科目汇总表登记总账。

（6）月末，将现金日记账、银行存款日记账和各种明细账的余额与总账相关账户的余额核对。

（7）月末，根据总账和明细账的资料编制会计报表。

步骤二　财务付款审批流程

费用报销严格按照规定逐级审批，明确各部门及其管理责任人的责、权、利关系。

一、日常费用报销流程

如图1－2－3所示，日常费用报销流程为企业各项费用报销的既定程序，各项事务的报销均需要遵照该流程操作，否则财务部有关人员有权拒绝付款。

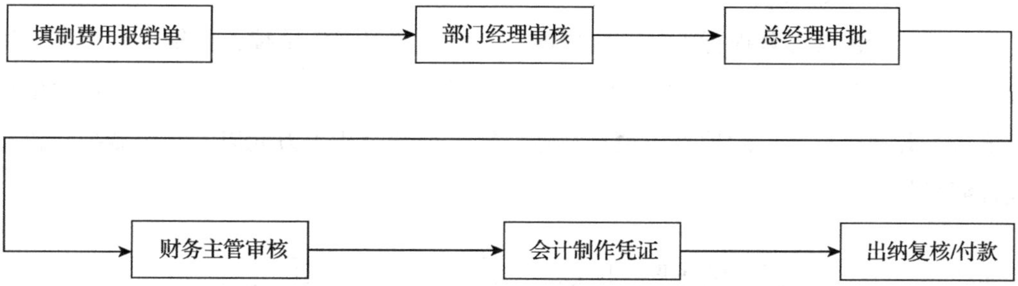

图1－2－3　日常费用报销流程

二、对费用报销单据的要求

财务部门对不真实、不合法的原始凭证不予受理；对记载不准确、不完整的原始凭证予以退回；从外单位取得的原始凭证记载的单位名称及业务内容必须与接受该项业务的单位的单位名称及业务内容相符，否则财务将不予报销；对于违反国家财政规定和本公司财务制度的支出有权拒绝。

三、财务不予报销的票据

（1）不正规的发票或收据。

（2）审批手续不全的票据。

（3）内容填写不全、字迹无法辨认或有明显涂改迹象的票据。

（4）无公章、无私人签章（字）的白条收据。

（5）购物无用途、资产无验收的票据。

（6）数量、单价、金额不符的票据。

（7）票据时间与所报销内容、期间不符的。

四、报销单据整理要求

（1）对单据的类别、时间、批次、项目等进行分类，并注明经手人。

（2）按序粘贴在报销单据粘贴单上，并在附件中写明所附单据的张数。

（3）报销单据书写要求工整、清晰，报销摘要简洁明了。

（4）财务部门对不规范的报销单据有权要求进行改正，否则不予受理。

步骤三 采购报销流程

采购报账支款手续流程如图1－2－4所示。

采购部门若需要办理银行汇款，应提前一天申请办理汇款手续，并给予财务部门筹集资金的时间；在时间上还要考虑到付款行和兑付行在结算款项时的时间差。收款单位全称、账号、开户行以及汇款地点应填写清楚。较大金额（指1万元以上）汇款要提供订货合同证明材料。

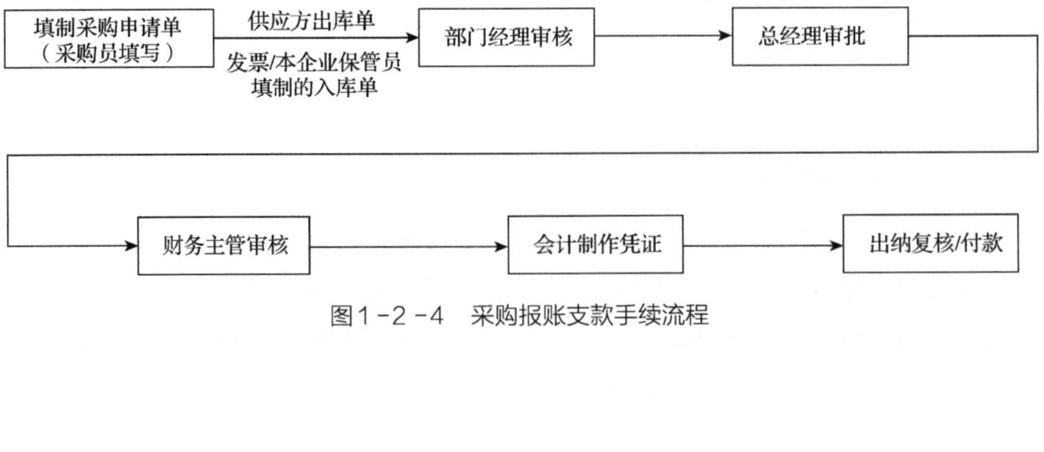

图1－2－4 采购报账支款手续流程

过程考核评价

企业会计核算流程过程考核评价的内容见表1－2－1。

表1－2－1　企业会计核算流程过程考核评价表

<table>
<tr><td colspan="8">学习任务1－2　企业会计核算流程</td></tr>
<tr><td colspan="2">学员姓名</td><td></td><td>学号</td><td></td><td>班级</td><td>日期</td><td></td></tr>
<tr><td>项目</td><td colspan="2">考核项目</td><td colspan="2">考核要求</td><td>配分</td><td>评分标准</td><td>得分</td></tr>
<tr><td rowspan="4">知识目标</td><td colspan="2">会计概念、职能及目标描述</td><td colspan="2">能正确描述会计概念、职能及目标</td><td>10</td><td>描述不清楚扣4分，每缺失一项扣2分</td><td></td></tr>
<tr><td colspan="2">会计核算流程</td><td colspan="2">能正确描述会计的核算流程</td><td>10</td><td>描述不清楚扣5分，每缺失一项扣2分</td><td></td></tr>
<tr><td colspan="2">付款审批流程</td><td colspan="2">能正确描述付款的审批流程</td><td>10</td><td>描述不清楚扣5分，每缺失一项扣2分</td><td></td></tr>
<tr><td colspan="2">采购报销流程</td><td colspan="2">能正确描述采购的报销流程</td><td>10</td><td>描述不清楚扣5分，每缺失一项扣2分</td><td></td></tr>
<tr><td rowspan="2">能力目标</td><td colspan="2">按照企业内部财务制度进行业务处理</td><td colspan="2">能按照企业内部财务制度进行业务处理</td><td>20</td><td>酌情扣分</td><td></td></tr>
<tr><td colspan="2">按照会计核算流程进行账务处理</td><td colspan="2">能按照会计核算流程进行账务处理</td><td>20</td><td>酌情扣分</td><td></td></tr>
<tr><td rowspan="2">方法及社会能力</td><td colspan="2">过程方法</td><td colspan="2">（1）学会自主发现、自主探索的学习方法；
（2）学会在学习中反思、总结，调整自己的学习目标，在更高水平上获得发展</td><td>10</td><td>学员在工作中有反思，有创新见解，能自主发现、自主探索，考官酌情给5～10分</td><td></td></tr>
<tr><td colspan="2">社会能力</td><td colspan="2">小组成员间团结、协作共同完成工作任务，养成良好的职业素养（包括工服穿戴、工位卫生等）</td><td>10</td><td>（1）工服穿戴不全扣5分；
（2）工位卫生情况差扣5分</td><td></td></tr>
<tr><td colspan="3">实训总结</td><td colspan="5">你完成本次工作任务的体会（学到哪些知识，掌握哪些技能，有哪些收获）：</td></tr>
<tr><td colspan="3">得分</td><td colspan="5"></td></tr>
</table>

工作小结

任务二
凭证的填制和审核 02

会计凭证是指记录经济业务发生或者完成情况的书面证明，是登记账簿的依据。每个企业都必须按一定的程序填制和审核会计凭证，根据审核无误的会计凭证进行账簿登记，如实反映企业的经济业务。会计凭证按照填制程序和用途可分为原始凭证和记账凭证。

项目一　填制和审核原始凭证

任务描述

原始凭证又称单据，是指在经济业务发生或完成时取得或填制的，用于记录或证明经济业务的发生或完成情况的原始凭据。原始凭证的作用主要是记载经济业务的发生过程和具体内容。常用的原始凭证有现金收据、发货票、增值税专用（或普通）发票、差旅费报销单、产品入库单、领料单等。

为了更好地完成原始凭证的填制和审核，我们应该预先掌握什么知识呢？

知识储备　原始凭证的种类

原始凭证可以按照取得来源、格式、填制的手续和内容进行分类。

(1) 按取得来源的不同，原始凭证可分为自制原始凭证和外来原始凭证。

自制原始凭证，是指由本单位内部经办业务的部门和人员，在执行或完成某项经济业务时所填制的、仅供本单位内部使用的原始凭证。如企业在对外销售商品时所开具的销货发票的副联（记账联）、商品或材料入库单、领料单、现金存款单、差旅费报销单、固定资产折旧计算表、收款收据、限额领料单以及发料凭证汇总表等。领料单的格式如图 2－1－1 所示。

领料部门 ____________　　　　**领　料　单**

用　　途 ____________　　　　年　　月　　日　　　　NO.000000001

编号	材料名称	规格	单位	请领数	实发数									备注
					数量	单价	金额							
							万	千	百	十	元	角	分	

第一联　存根

领用部门负责人：　　　领用人：　　　审核：　　　保管员：

图2－1－1　领料单

外来原始凭证，是指在经济业务发生或完成时，从其他单位或个人直接取得的原始凭证。如由供货单位开具的增值税专用发票、普通发票及对外支付款项时所取得的收据都是外来原始凭证。此外，一些定额发票，如火车票、轮船票等也是外来原始凭证。增值税发票的格式如图2－1－2所示。

北京增值税电子普通发票

全国统一发票监制章 国家税务总局 北京市税务局

发票代码：011001001801
发票号码：34646104
开票日期：2018年10月08日
校 验 码：55172 10127 10127 27509

机器编号：661616150898

购买方	名　　称：深圳木易米扑科技有限公司 纳税人识别号：91110108MA0086NA5A 地 址、电 话：北京市海淀区西大街48号五层，15210341034 开户行及账号：招商银行股份有限公司北京海淀支行，110924545010101	密码区	3346352>5//+-<6352>5//+-</7 10<7>51<0614787>51<061478/2 8616302+>53<456302+>53<4551 49<>42*59*6302+>53<455+/7<0

货物或应税劳务、服务名称	规格型号	单位	数量	单价	金额	税率	税额
*信息技术服务*技术服务费	包月	月	1	1708.74	1708.74	3%	51.26
样票							
合　　计					¥1708.74		¥51.26
价税合计（大写）	⊗ 壹仟柒佰陆拾圆整				（小写）¥1760.00		

销售方	名　　称：北京米扑科技有限公司 纳税人识别号：91110108MA0086NA5A 地 址、电 话：北京市海淀区西大街48号五层442号 15210341034 开户行及账号：招商银行股份有限公司北京海淀支行，110924545010101	备注	北京米扑科技有限公司 91110108MA0086NA5A 发票专用章

收款人：杨刚　　　复核：杨刚　　　开票人：杨刚　　　销售方：（章）

图2－1－2　增值税发票

注意　不论是外来原始凭证还是自制原始凭证，只要能证明经济业务已经执行或已经完成，经过审核后即可以作为会计记账的依据。凡是不能证明经济业务已经执行或已经完成的文件，如材料请购单等，因其表明的是预期的经济业务，不属于原始凭证，不能单独作为会计记账的依据。

（2）按格式不同，原始凭证可分为通用凭证和专用凭证。

通用凭证，是指由有关部门统一印制、在一定范围内使用的具有统一格式和使用方法的原始凭证。通用凭证的使用范围，因制作部门而异，可以是某一地区、某一行业，也可以是全国。如某省（市）印制的发货票、收据等，在该省（市）通用；由中国人民银行制作的银行结算凭证，在全国通用。

专用凭证，是指由单位自行印制、仅在本单位内部使用的原始凭证。如领料单、差旅费报销单、折旧计算表、工资费用分配表等。

注意　原始凭证的各种分类之间互有交叉。例如，累计凭证、汇总原始凭证和专用凭证也必定是自制原始凭证；一次凭证和通用原始凭证一般都是外来原始凭证。

（3）按填制的手续和内容不同，原始凭证可分为一次凭证、累计凭证和汇总凭证。

一次凭证是指一次填制完成，只反映一项经济业务或者同时反映若干项同类性质的经济业务的原始凭证。一次凭证是一次有效的凭证，如收据、发货票、借款单、收料单、领料单等都是一次凭证。

累计凭证是指在一定时期内多次记录发生的同类型经济业务的原始凭证。其特点是在一张凭证内可以连续登记相同性质的经济业务，随时结出累计数及结余数，并按照费用限额进行费用控制，期末按实际发生额记账。累计凭证是多次有效的原始凭证。具有代表性的累计凭证是限额领料单，其格式如图2－1－3所示。

限额领料单

领料单位：生产车间　　　　2020年2月　　　　发料仓库：2号

用途：B产品生产　　　　凭证编号：008

材料类别	材料编号	材料名称及规格	计量单位	领料限额	实际领用	单价	金额	备注
型钢	0348	圆钢10mm	公斤	500	480	4.40	2 112	

日期	请领		实发			限额结余	退库	
	数量	签章	数量	发料人	领料人		数量	退库单
02-03	200		200			300		
02-12	100		100			200		
02-20	180		180			20		
合计	480		480			20		

供应部门负责人：　　　　生产计划部门负责人：　　　　仓库负责人签章：

图2－1－3　限额领料单

汇总凭证也称原始凭证汇总表，是指对一定时期内反映相同经济业务的若干张原始凭证，按照一定标准综合填制的原始凭证。汇总凭证合并了同类型经济业务，简化了记账工作量。常用的汇总原始凭证有：发料凭证汇总表、工资结算汇总表、差旅费报销单等。发料凭证汇总表的格式如图2－1－4所示。

发料凭证汇总表

附领料单 25 份　　2020年5月31日　　单位：元

会计科目	领料部门	原材料	燃 料	合 计
基本生产成本	一车间	5 000	10 000	15 000
	二车间	8 000	14 000	22 000
	小 计	13 000	24 000	37 000
辅助生产成本	供电车间	7 000	2 000	9 000
	锅炉车间		4 000	4 000
	小 计	7 000	6 000	13 000
制造费用	一车间	400		400
	二车间	600		600
	小 计	1 000		1 000
管理费用		200	300	500
合 计		21 200	30 300	51 500

会计主管：　　审核：　　制单：

图2－1－4　发料凭证汇总表

注意　有些凭证由于不能证明经济业务已经发生或完成情况，无法作为编制记账凭证和登记账簿的依据，故不能归类为原始凭证。如用工计划表、材料请购单、经济合同、银行存款余额调节表、派工单等。

任务实施

了解原始凭证的种类后，让我们来看看如何填制、审核原始凭证吧！

步骤一　原始凭证的填制要求

一、原始凭证的基本内容

原始凭证的格式和内容因经济业务和经营管理的要求不同而有所差异，但原始凭证应当具备以下基本内容（也称为原始凭证要素）：①凭证的名称；②填制凭证的日期；③填制凭证单位的名称或者填制人的姓名；④经办人员的签名或者盖章；⑤接收凭证单位的名称；⑥经济业务的内容；⑦数量、单价和金额。

二、原始凭证的填制要求

1）原始凭证填制的基本要求

（1）记录真实。原始凭证所填列经济业务的内容和数字，必须真实可靠，符合实际情况。

（2）内容完整。原始凭证所要求填列的项目必须逐项填列齐全，不得遗漏或省略。原始凭证中的年、月、日要按照填制原始凭证的实际日期填写；名称要齐全，不能简化；品名或用途要填写明确，不能含糊不清；有关人员的签章必须齐全。

（3）手续完备。单位自制的原始凭证必须有经办单位相关负责人的签名或盖章；对外开出的原始凭证必须加盖本单位公章或者财务专用章；从外部取得的原始凭证，必须盖有填制单位的公章或者财务专用章；从个人处取得的原始凭证，必须有填制人员的签名或盖章。

（4）书写清楚、规范。原始凭证要按规定填写，文字要简明，字迹要清楚、易于辨认，不得使用未经国务院公布的简化汉字。大小写金额必须符合填写规范，小写金额用阿拉伯数字逐个书写，不得连笔写。

知识链接　会计数字的书写

一、对阿拉伯数字书写的要求

①要逐个填写，不得连笔写。阿拉伯数字的参考手写体如图 2－1－5 所示。

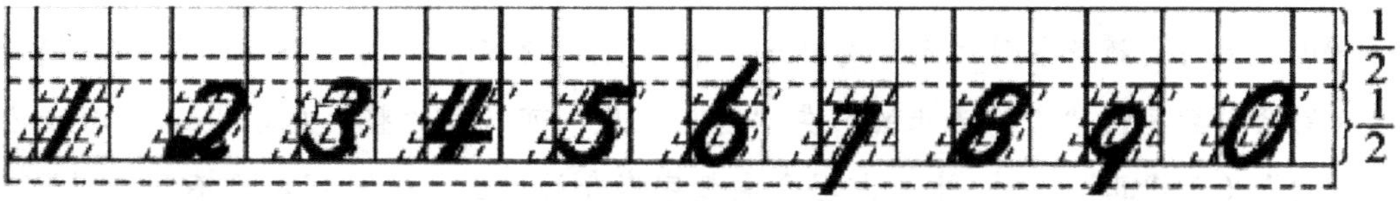

图2－1－5　阿拉伯数字的参考手写体

②在数字前应写明币种符号或者货币名称简写和币种符号，例如人民币符号“¥”、港币符号“HK $”、美元符号“US $”。币种符号与数字之间不得留有空白。凡数字前写有币种符号的，数字后不再写货币单位，如不能写成“HK $ 1000 元”。

③所有以元为单位的数字，一律填写到角分；无角分的，角位和分位写“00”或“—”；有角无分的，分位应当写“0”，不得用“—”代替。

④在阿拉伯数字的整数部分，可以从小数点起向左按“三位一节”用分位点“,”或空一格分开，例如“89 183.00”或“89 183.00”。除此之外，还应注意不要把“0”和“6”、“1”和“7”、“3”和“8”、“7”和“9”写得辨认不清。

二、 中文大写数字的书写要求

①中文大写金额数字应用正楷或行书填写。规范写法为“壹、贰、叁、肆、伍、陆、柒、捌、玖、拾、佰、仟、万、亿、元、角、分、零、整（正）”等。不得用“一、二（两）、三、四、五、六、七、八、九、十、廿、毛、另（或0）”填写；不得自造简化字。中文大写数字书写示例如图2-1-6所示。

图2-1-6　中文大写数字书写示例

②大写金额前要冠以“人民币”字样，其与大写金额首位数字之间不留空位，数字之间也不能留空位。

③中文大写金额数字到“元”为止的，在“元”之后，应写“整”（或“正”）字；中文大写金额数字到“角”为止的，在“角”之后，可以写“整”（或“正”）字，也可不写“整”（或“正”）字；中文大写金额数字有分的，在“分”字之后不写“整”（或“正”）字。

④大写金额数字前未印有货币名称的，应当加填货币名称，货币名称与金额数字之间不得留有空白。如“人民币捌万元整”。

三、 阿拉伯数字与中文数字之间的对应要求

①阿拉伯小写金额数字中有“0”时，中文大写金额应按照汉语语言规律、金额数字构成和防止涂改的要求进行书写。

②阿拉伯小写金额数字中间有“0”时，中文大写金额要写“零”字。如¥3 509.60，应写成“人民币叁仟伍佰零玖元陆角”。

③阿拉伯数字中间连续有几个“0”时，中文大写金额中间可以只写一个“零”字。如￥5 008. 12，应写成“人民币伍仟零捌元壹角贰分”。

④阿拉伯金额数字万位或元位是“0”，或者数字中间连续有几个“0”，万位、元位也是“0”，但千位、角位不是“0”时，中文大写金额中可以只写一个“零”字，也可以不写“零”字。如￥102 568. 35，应写成“人民币壹拾万零贰仟伍佰陆拾捌元叁角伍分”，也可写成“人民币壹拾万贰仟伍佰陆拾捌元叁角伍分”。

（5）编号连续。各种凭证要连续编号，以便检查。如果凭证已预先印定编号，如发票、支票等重要凭证，在因错作废时，应加盖“作废”戳记，妥善保管，不得撕毁。

（6）不得涂改、刮擦、挖补。原始凭证金额有错误的，应当由出具单位重开，不得在原始凭证上更正。原始凭证有其他错误的，应当由出具单位重开或更正，更正处应当加盖出具单位印章。

（7）填制及时。各种原始凭证一定要及时填写，并按规定的程序及时送交会计机构审核。

2）自制原始凭证填制的基本要求

（1）一次凭证，应在经济业务发生或完成时，由相关业务人员一次填制完成。该凭证往往只能反映一项经济业务，或者同时反映若干项同一性质的经济业务。一次凭证有些是自制的原凭证，如收料单、领料单、工资结算表、制造费用分配表等；有些是外来的原始凭证，如增值税专用发票、税收缴款书、各种银行结算凭证等。

（2）累计凭证，应在每次经济业务完成后，由相关人员在同一张凭证上重复填制完成。凭证能在一定时期内不断重复地反映同类经济业务的完成情况。典型的累计凭证是限额领料单。

（3）汇总凭证，应由相关人员在汇总一定时期内反映同类经济业务的原始凭证后填制完成。该凭证只能将类型相同的经济业务进行汇总，不能汇总两类或两类以上的经济业务。

步骤二　原始凭证的填制

一、填制增值税专用发票

增值税专用发票是由国家税务总局监制设计印制的，只限增值税一般纳税人领购使用的，既是纳税人反映经济活动中的重要会计凭证，又是销货方纳税义务和购货方进项税额的合法证明，是增值税计算和管理中重要的决定性的合法的专用发票。

增值税专用发票通常有两种称呼，以“十万元”为例，分为“十万元版”和“限十万元版”。其中，“十万元版”不含税价款可超过人民币十万元，而“限十万元版”不含税价款不得超过人民币十万元。在日常工作中，要注意区分。

开票时，发票的抬头要与企业名称的全称一致。不符合规定的发票，不得作为税收凭证。增值税发票的填写要求如图 2－1－7 所示。

1100143160 北京增值税专用发票 №

此联不作报销、扣税凭证使用 开票日期：

购买方	名 称：单位全称（不得漏字或有错别字） 纳税人识别号：统一社会信用代码 地 址、电 话：注册地址（非经营地址）及在税务机关登记的电话 开户行及账号：企业基本开户行账号				密码区	票面不得压线和错格	
货物或应税劳务、服务名称	规格型号	单位	数 量	单 价	金 额	税率	税 额
*编码简称*名称* (1) 编码简称须规范且与实际业务相符； (2) 名称可自主编写	(1) 货物等实物有规格型号、单位、数量、单价必填，且必须与实际业务相符； (2) 服务及劳务如无规格型号、单位、数量、单价可不填					与实际业务编码相符	
合 计							
价税合计（大写）					（小写）		
销售方	名 称：单位全称（不得漏字或有错别字） 纳税人识别号：统一社会信用代码 地 址、电 话：注册地址（非经营地址）及在税务机关登记的电话 开户行及账号：企业基本开户银行				备注	以下发票备注栏需要填写 货物运输\建筑服务\出租、销售不动产\差额征税\保险代收车船税\互联网物流平台企业代开\生产企业向综合服企业开具\个人保险代理人汇总代开的发票	

税总函〔2014〕××号××××公司

第一联：记账联 销售方记账凭证

收款人： 复核： 开票人： 销售方：（章）

实名制，复核和开票最好不是一个人

专用发票章，不得加盖单位公章或财务章

图2－1－7　增值税专用发票填写要求

练一练

情境描述

英润服饰有限公司（法人代表：吴晓蓉；公司地址：青年东路139号；电话：85875123；纳税人登记号：320601666371991；开户银行及账号：中国银行南通分行营业部，0184010128）2019年10月发生下列经济业务。

（1）5日，销售童装给文峰购物大世界公司（公司地址：南大街29号；电话：85237167；纳税人登记号：320601672043660；开户银行及账号：中国工商银行南通分行，15201120002313309），数量300件，售价50元/件（不含税），增值税税率为17%，开出增值税发票。根据业务填制图2－1－8所示的增值税专用发票。

1100143160　　北京增值税专用发票　　№

此联不作报销、扣税凭证使用　　　　开票日期：

税总函〔2014〕××号××××公司

购买方	名　　称： 纳税人识别号： 地 址、电 话： 开户行及账号：				密码区			
货物或应税劳务、服务名称	规格型号	单位	数　量	单　价	金　　额	税率	税　　额	
合　　计								
价税合计（大写）					（小写）			
销售方	名　　称： 纳税人识别号： 地 址、电 话： 开户行及账号：				备注			

收款人：　　复核：　　开票人：　　销售方：（章）

第一联：记账联 销售方记账凭证

图2-1-8　英润服饰有限公司开出的增值税专用发票

二、填制入库单

填制入库单是对采购实物入库数量的确认，也是对采购人员和供应商的一种监控。如果缺乏对实物入库的控制，就不能防止采购人员与供应商串通舞弊，导致虚报采购量、实物短少。入库单是企业内部管理和控制的重要凭证。

入库单在填写时要注意在抬头写上仓库的名称，入库的日期，材料编号、名称等。其实在实际工作中每个单位的入库单填写内容并不完全一样。有的单位的入库单还需要注明供货单位等。所以入库单视各企业的不同要求而有区别。

练一练

情境描述

英润服饰有限公司（法人代表：吴晓蓉；公司地址：青年东路139号；电话：85875123；纳税人登记号：320601666371991；开户银行及账号：中国银行南通分行营业部，0184010128）2019年10月发生下列经济业务。

（2）2日，以银行存款从光明公司购进原材料一批，已入三号仓库。其中：A面料1 200米，单价80元，共计96 000元；线40只，单价20元，共计800元。根据业务填制图2-1-9所示的入库单。

英润服饰有限公司

入 库 单 No

交货单位：　　　　　　　　　　　　　　　　　　　　　　　　年　　月　　日

序号	名　　称	规格	单位	数量	单价	金额	备　注
1							
2							
3							
4							
5							
6							
7							
合计人民币（大写）	佰　拾　万　仟　佰　拾　元　角　分 ¥						

①存根(白)②交货人(红)③记账(绿)

交货单位：　　　　保管员：　　　　会计：

经 手 人：　　　　地　址：　　　　电话/传真：

图2－1－9　英润服饰有限公司入库单

三、填制领料单

领料单是材料领用和发出的原始凭证。领料单是一次有效的原始凭证，每领用一次材料，均应填制领料单。领料单位根据生产用料计划，填制领料单方可领料。领料单经领料单位负责人签章后，送交仓库发料。领料时，材料仓库保管人员和领料人员共同检查领用材料的数量、品种和质量，经核对无误后，双方在领料单上签章，证明领料手续的完成。领料单一式数联，其中一联在领料后由领料单位带回留存；一联由仓库发料后留存，作为登记材料保管明细账的依据；一联由仓库转交财务部门，作为登记材料分类账和编制发料凭证汇总表的依据。

练一练

情境描述

英润服饰有限公司（法人代表：吴晓蓉；公司地址：青年东路139号；电话：85875123；纳税人登记号：320601666371991；开户银行及账号：中国银行南通分行营业部，0184010128）2019年10月发生下列经济业务。

（3）12日，仓库发出系列材料用于一车间生产成衣，其中A面料200米，单价80元，共计16 000元；线10只，单价20元，共计200元。在图2－1－10中填制领料单。

领料部门＿＿＿＿＿＿　　　　**领　料　单**

用　　途＿＿＿＿＿＿　　　　年　　月　　日　　　　NO. 000000001

编号	材料名称	规格	单位	请领数	实发数									备注
					数量	单价	金额							
							万	千	百	十	元	角	分	

第一联存根

领用部门负责人:　　　　领用人:　　　　审核:　　　　保管员:

图2－1－10　英润服饰有限公司领料单

四、填制转账支票、现金支票

1. 转账支票

转账支票（如图2－1－11所示）是由单位签发的，通知银行从其账户上支取款项的凭证。

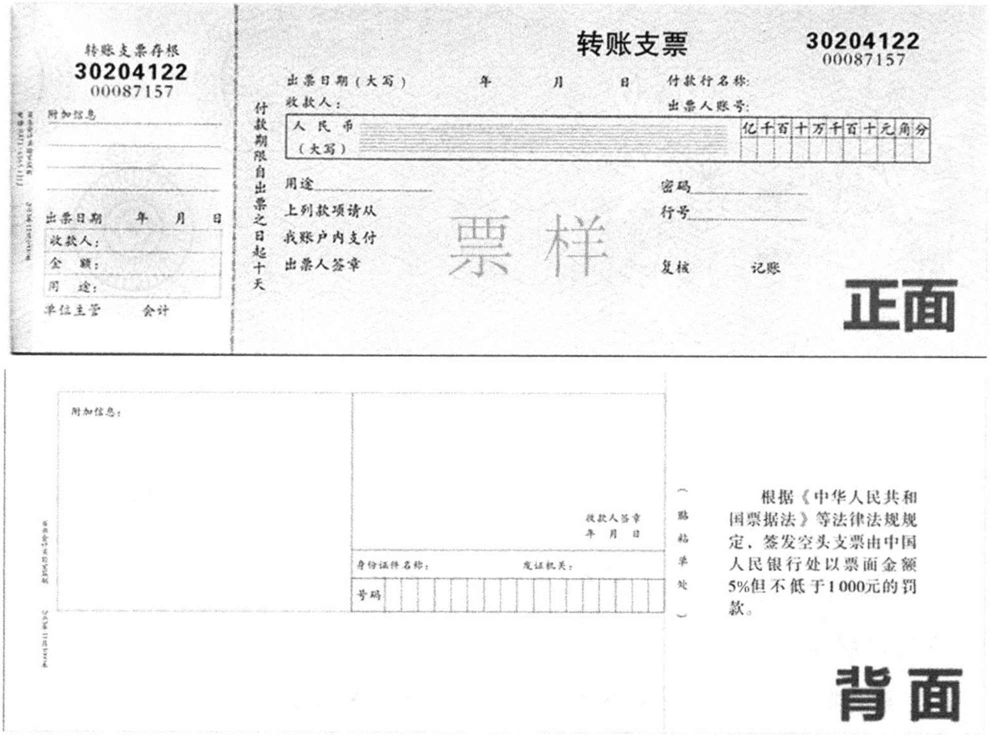

图2－1－11　转账支票

转账支票只能用于转账，不能用于提取现金。它适用于各单位之间的商品交易、劳务供应和其他经济往来的款项结算。转账支票由付款单位签发后交收款单位，不准委托收款单位代签；不准签发空头支票和远期支票；不准出租出借支票。各单位使用转账支票必须遵守银行的有关规定。

2. 现金支票

现金支票（如图2－1－12所示），“转账支票”的对称，是指存款人用以向银行提取或支付给收款人现金的一种支票。中国现金管理制度和结算办法规定，在银行开户的各国有企业、事业单位、机关、团体等，只能在允许使用现金的范围内使用现金支票，并应写明款项用途，接受银行的监督。现金支票不可用于转账。已签发的现金支票遗失，可向银行申请挂失。挂失前已支付的，银行不予受理。

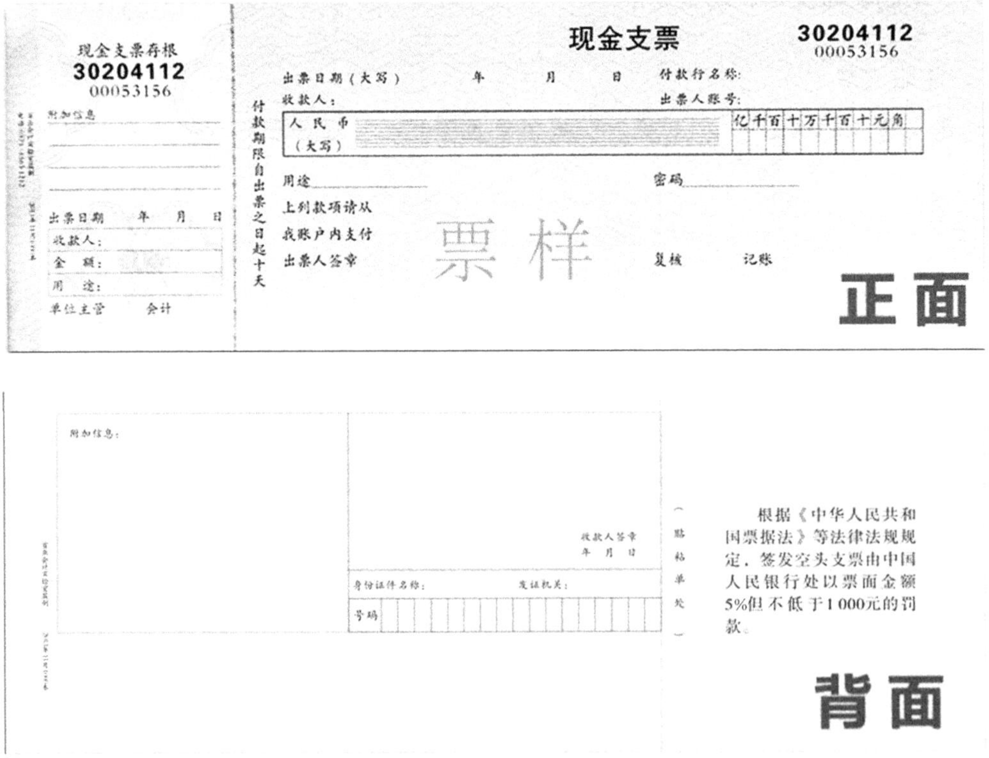

图2－1－12 现金支票

3. 支票填制要求

（1）出票日期（大写）。数字必须大写。如2005年8月5日，应写成贰零零伍年捌月零伍日。

在填写月、日时，月为壹、贰和壹拾的，日为壹至玖和壹拾、贰拾和叁拾的，应在其前加“零”；日为拾壹至拾玖的，应在其前面加“壹”。如2月12日，应写成零贰月壹拾贰日；10月20日，应写成零壹拾月零贰拾日。

（2）收款人。

①现金支票收款人可写为本单位名称，此时现金支票背面“被背书人”栏内加盖本单位的财务专用章和法人章，收款人可凭现金支票直接到开户银行提取现金。（由于有的银行各营业点联网，所以也可到联网营业点取款，具体要看联网覆盖范围而定）

②现金支票收款人可写为收款人个人姓名，此时现金支票背面不盖任何章，收款人在现金支票背面填上身份证号码和发证机关名称，凭身份证和现金支票签字领款。

③转账支票收款人应填写为对方单位名称。转账支票背面本单位不盖章。收款单位取得转账支票后，在支票背面被背书栏内加盖收款单位财务专用章和法人章，填写好银行进账单后连同该支票交给收款单位的开户银行，委托银行收款。

（3）付款行名称、出票人账号。即为本单位开户银行名称及银行账号，账号小写。

（4）人民币（大写）。数字大写写法：零、壹、贰、叁、肆、伍、陆、柒、捌、玖、拾、佰、仟、万、亿。

举例如下。

①289 546.52 大写为：贰拾捌万玖仟伍佰肆拾陆元伍角贰分。

②7 560.31 大写为：柒仟伍佰陆拾元零叁角壹分。

此处“陆拾元零叁角壹分”中的“零”字可写可不写。

③532.00 大写为：伍佰叁拾贰元正。

“正”写为“整”字也可以，但不能写为“零角零分”。

④425.03 大写为：肆佰贰拾伍元零叁分。

⑤325.20 大写为：叁佰贰拾伍元贰角。

角字后面可加“正”字，但不能写为“零分”。

（5）人民币（小写）。最高金额的前一位空白格用“¥”占位，数字填写要求完整清楚。

（6）用途。

①现金支票对“用途”的写法有一定限制，一般填写“备用金”“差旅费”“工资”“劳务费”等。

②转账支票对“用途”的写法没有具体规定，可填写“货款”“代理费”等。

（7）盖章。

支票正面盖财务专用章和法人章，缺一不可。印泥为红色，印章必须清晰。如果印章模糊只能将本张支票作废，换一张重新填写、重新盖章。背面盖章与否参考“（2）收款人”。

（8）进账。

①填进账单，一式三联。

②转账支票送交银行有两种方式。

第一种，交到收款人的开户银行，收款人需要盖章背书，在支票的背书栏填上收款方开户行，下方写委托收款，并在背书栏内盖上银行预留印章，即财务专用章和法人章。

第二种，若担心对方签发的是空头支票，也可以去付款方的开户银行存支票，此时支票不需要背书。

③现金支票直接送交签发人的开户银行，且收款人必须背书。如果收款人是单位，需要在支票的背面盖上收款人的财务专用章和法人章；如果收款人是个人，需要填上身份证号码及发证机关，并签名。

（9）其他应该注意的常识。

①支票正面不能有涂改痕迹，否则该支票作废。

②收票人如果发现支票填写不全，可以补记，但不能涂改。

③支票的有效期为10天，日期首尾算一天，遇节假日顺延。

④支票见票即付，不记名。（支票尤其是现金支票丢失，可能就意味着票面金额数目的钱丢失了，银行不承担责任。现金支票一般要素填写齐全，如果支票未被冒领，可在开户银行挂失；转账支票如果支票要素填写齐全，可在开户银行挂失，如果要素填写不齐全，须到票据交换中心挂失。）

⑤出票单位现金支票背面有印章加盖得模糊，可把模糊印章打叉，重新再盖一次，但不能超过三个印章。

⑥收款单位转账支票背面印章加盖模糊（根据《中华人民共和国票据法》规定，这种情形是不能以重新盖章的方法来补救的），收款单位可带转账支票及银行进账单到出票单位的开户银行去办理收款手续（不需付手续费），俗称“倒打”，这样就无须到出票单位重新开支票了。

⑦在支票左上角划两道斜线可以防止支票丢失后被人取现，即只能通过银行转账。

练一练

情境描述

英润服饰有限公司（法人代表：吴晓蓉；公司地址：青年东路139号；电话：85875123；纳税人登记号：320601666371991；开户银行及账号：中国银行南通分行营业部，0184010128）2019年10月发生下列经济业务。

（4）8日，开出转账支票一张，偿还四方公司货款5 000元。根据业务填制图2－1－13所示的转账支票。

（5）18日，开出现金支票提取现金3 500元。根据业务填制图2－1－14所示的现金支票。

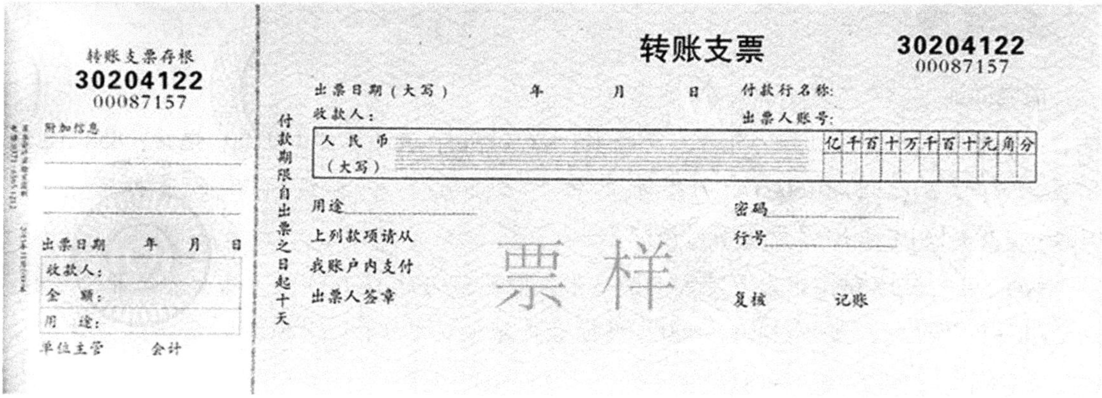
转账支票存根
30204122
00087157
附加信息
出票日期　年　月　日
收款人：
金　额：
用　途：
单位主管　会计
转账支票
30204122
00087157
付款期限自出票之日起十天
出票日期（大写）　年　月　日　付款行名称：
收款人：　出票人账号：
人民币（大写）　亿千百十万千百十元角分
用途　密码
上列款项请从　行号
我账户内支付
出票人签章　复核　记账
票样

图2－1－13　英润服饰有限公司开出的转账支票

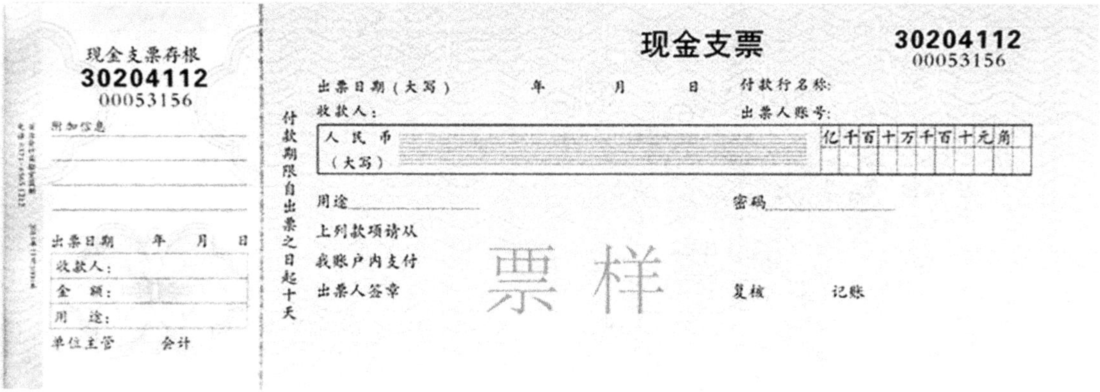
现金支票存根
30204112
00053156
附加信息
出票日期　年　月　日
收款人：
金　额：
用　途：
单位主管　会计
现金支票
30204112
00053156
付款期限自出票之日起十天
出票日期（大写）　年　月　日　付款行名称：
收款人：　出票人账号：
人民币（大写）　亿千百十万千百十元角
用途　密码
上列款项请从
我账户内支付
出票人签章　复核　记账
票样

图2－1－14　英润服饰有限公司开出的现金支票

五、填制银行进账单

银行进账单是持票人或收款人将票据款项存入其开户银行账户的凭证，也是开户银行将票据款项记入持票人或收款人账户的凭证。

银行进账单分为三联式银行进账单和二联式银行进账单。不同的持票人应按照规定使用不同的银行进账单。二联式银行进账单的第一联为给持票人的回单（即收账通知），第二联为银行的贷方凭证。

持票人填写银行进账单时，必须清楚地填写票据种类、票据张数、收款人名称、收款人开户银行及账号、付款人名称、付款人开户银行及账号、票据金额等栏目，并连同相关票据一并交给银行经办人员。对于二联式银行进账单，银行受理后，银行应在第一联上加盖转讫章并退给持票人，持票人凭此记账。

练一练

情境描述

英润服饰有限公司（法人代表：吴晓蓉；公司地址：青年东路139号；电话：85875123；纳税人登记号：320601666371991；开户银行及账号：中国银行南通分行营业部，0184010128）2019年10月发生下列经济业务。

（6）24日，收到伟业公司转账支票一张，归还前欠款16 000元。伟业公司开户银行：交通银行西四分行；账号：42879000。根据业务填制图2－1－15所示的银行进账单将款项存入银行。

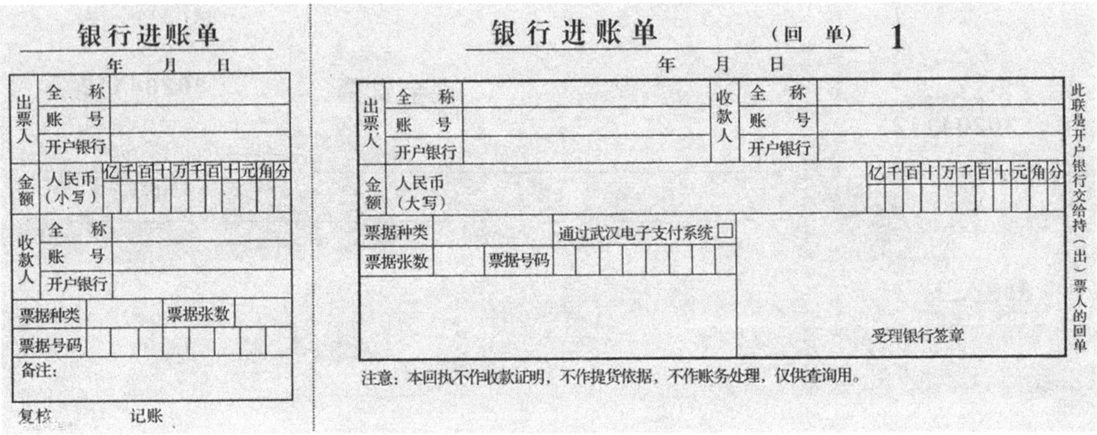

银行进账单

年 月 日

出票人 全称 账号 开户银行

金额 人民币（小写） 亿 千 百 十 万 千 百 十 元 角 分

收款人 全称 账号 开户银行

票据种类 票据张数

票据号码

备注：

复核 记账

银行进账单 （回 单） 1

年 月 日

出票人 全称 账号 开户银行

收款人 全称 账号 开户银行

金额 人民币（大写） 亿 千 百 十 万 千 百 十 元 角 分

票据种类 通过武汉电子支付系统□

票据张数 票据号码

受理银行签章

注意：本回执不作收款证明，不作提货依据，不作账务处理，仅供查询用。

此联是开户银行交给持（出）票人的回单

图2－1－15 英润服饰有限公司填制的银行进账单

六、填制借款单

借款单是指因工作或业务需要在完成相关报销或付款手续之前需要提前借款办理业务而填写的单据。借款单一般应一式两联：第一联是借款单存根，作为借款人的借款单据；第二联是借款单（代付款凭证），作为借款人向企业办理借款的借据，并作为办理借款的付款凭证。

借款单的填制要求如下。

（1）公司或个人借款必须填写借款单，借款单所列相关内容必须填写清楚，项目要逐一填写完整，不得有空缺。

（2）借款单位、借款事由必须具体详细。

（3）“借款金额”大小写要填写一致。

（4）“还款日期”“批准还款日期”要填写到日。

练一练

情境描述

英润服饰有限公司（法人代表：吴晓蓉；公司地址：青年东路139号；电话：85875123；纳税人登记号：320601666371991；开户银行及账号：中国银行南通分行营业部，0184010128）2019年10月发生下列经济业务。

（7）15日，采购部李红去西安出差，经批准向财务处借差旅费3 500元，财务人员审核无误后付现金。根据业务填制图2－1－16所示的借款单。

借　款　单

资金性质________　　　　　　　　年　　月　　日

<table>
<tr><td>借款单位</td><td colspan="3"></td></tr>
<tr><td>借款理由</td><td colspan="3"></td></tr>
<tr><td>借款金额</td><td colspan="3">人民币（大写）　　　　　　¥________</td></tr>
<tr><td colspan="2">本单位负责人意见</td><td></td><td>借款人（签章）</td></tr>
<tr><td>领导指示：</td><td colspan="2">会计主管人员核批：</td><td>付款记录：
年　月　日 以第　　号
支票或现金支出凭单付给</td></tr>
</table>

图2－1－16　英润服饰有限公司借款单

七、填制收据

收据是企事业单位在经济活动中使用的原始凭证，主要是指财政部门印制的盖有财政票据监制章的收付款凭证，用于行政事业性收入，即非应税业务。

一般没有使用发票的场合，都应该使用收据，收据是重要的原始凭证。收据与我们日常所说的“白条”不能画等号，收据也是一种收付款凭证，只是种类不同。至于能否入账，则要看收据的种类及使用范围。

练一练

情境描述

英润服饰有限公司（法人代表：吴晓蓉；公司地址：青年东路139号；电话：85875123；纳税人登记号：320601666371991；开户银行及账号：中国银行南通分行营业部，

0184010128）2019 年 10 月发生下列经济业务。

（8）27 日，收取职工王飞交来的风险抵押金 20 000 元。根据业务填制图 2－1－17 所示的收据。

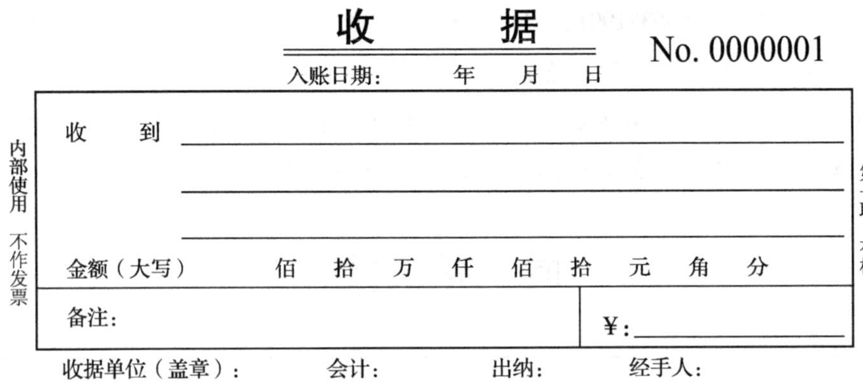
收　　据
No. 0000001
入账日期：　　年　　月　　日
内部使用　不作发票
收　　到
金额（大写）　佰　拾　万　仟　佰　拾　元　角　分
备注：
¥：
第一联：存根
收据单位（盖章）：　　会计：　　出纳：　　经手人：

图 2－1－17　英润服饰有限公司的收据

步骤三　原始凭证的审核

为了如实反映经济业务的发生和完成情况，充分发挥会计的监督职能，保证会计信息的真实、完整，会计人员必须对原始凭证进行严格审核。审核的内容主要包括以下几个方面。

一、审核原始凭证的真实性

原始凭证真实性的审核包括凭证日期是否真实、业务内容是否真实、数据是否真实等。外来原始凭证，必须有填制单位公章或财务专用章和填制人员签章；自制原始凭证，必须有经办部门和经办人员的签名或盖章。此外，对通用原始凭证，还应审核凭证本身的真实性，以防作假。

二、审核原始凭证的合法性、合理性

审核原始凭证所记录经济业务是否符合国家法律法规，是否履行了规定的凭证传递和审核程序；审核原始凭证所记录的经济业务是否符合企业经济活动的需要，是否符合有关的计划和预算等。

三、审核原始凭证的正确性

审核原始凭证记载的各项内容是否正确，包括以下几个方面的内容。

①接收原始凭证单位的名称是否正确。

②金额的填写和计算是否正确。阿拉伯数字要分位填写，不得连写。小写金额前要标明“¥”字样，中间不能留有空位。大写金额前要加“人民币”字样。大写金额与小写金额要相符。

③更正是否正确。原始凭证记载的各项内容均不得涂改。原始凭证金额有错误的，应当由出具单位重开，不得在原始凭证上更正。原始凭证有其他错误的，应当由出具单位重开或者更正，更正处应当加盖出具单位公章或财务专用章。

¥ | 过程考核评价 |

填制和审核原始凭证过程考核评价的内容见表2－1－1所示。

表2－1－1 填制和审核原始凭证过程考核评价表

<table>
<tr><th colspan="10">学习任务2－1 填制和审核原始凭证</th></tr>
<tr><td colspan="2">学员姓名</td><td></td><td>学号</td><td colspan="2"></td><td>班级</td><td></td><td>日期</td><td></td></tr>
<tr><td>项目</td><td colspan="2">考核项目</td><td colspan="2">考核要求</td><td>配分</td><td colspan="3">评分标准</td><td>得分</td></tr>
<tr><td rowspan="2">知识目标</td><td colspan="2">原始凭证概念描述</td><td colspan="2">能正确描述原始凭证的基本内容</td><td>10</td><td colspan="3">描述不清楚扣5分，每缺失一项扣2分</td><td></td></tr>
<tr><td colspan="2">原始凭证的种类</td><td colspan="2">能描述原始凭证的种类</td><td>10</td><td colspan="3">描述不清楚扣5分，每缺失一项扣2分</td><td></td></tr>
<tr><td rowspan="5">能力目标</td><td colspan="2" rowspan="2">原始凭证的填写</td><td colspan="2">会计数字的书写</td><td>10</td><td colspan="3">书写不规范扣5分，书写错误不得分</td><td></td></tr>
<tr><td colspan="2">日期及单位的填写</td><td>10</td><td colspan="3">填写不完整扣5分，填写错误不得分</td><td></td></tr>
<tr><td colspan="2">原始凭证的粘贴</td><td colspan="2">能规范粘贴原始凭证</td><td>15</td><td colspan="3">粘贴不规范扣5分，每缺失一项扣3分</td><td></td></tr>
<tr><td colspan="2">原始凭证的审核</td><td colspan="2">能审核各类原始凭证</td><td>15</td><td colspan="3">审核不完整扣5分，每缺失一项扣3分</td><td></td></tr>
<tr><td colspan="2">原始凭证问题的处理</td><td colspan="2">能对出错的原始凭证进行处理</td><td>10</td><td colspan="3">每处理错误一项扣2分</td><td></td></tr>
<tr><td>方法及社会能力</td><td colspan="2">过程方法</td><td colspan="2">1. 学会自主发现、自主探索的学习方法；
2. 学会在学习中反思、总结，调整自己的学习目标，在更高水平上获得发展</td><td>10</td><td colspan="3">学员在工作中有反思，有创新见解，能自主发现、自主探索，考官酌情给5～10分</td><td></td></tr>
</table>

（续）

项目	考核项目	考核要求	配分	评分标准	得分
方法及社会能力	社会能力	小组成员间团结、协作共同完成工作任务，养成良好的职业素养（包括工服穿戴、工位卫生等）	10	（1）工服穿戴不全扣5分； （2）工位卫生情况差扣5分	
实训总结		你完成本次工作任务的体会（学到哪些知识，掌握哪些技能，有哪些收获）：			
得分					

工作小结

项目二　填制和审核记账凭证

任务描述

记账凭证又称记账凭单，是指会计人员根据审核无误的原始凭证，按照经济业务的内容加以归类，并据以确定会计分录后填制的会计凭证，可作为登记账簿的直接依据。记账凭证的作用主要是确定会计分录，进行账簿登记，反映经济业务的发生或完成情况，监督企业经济活动，明确相关人员的责任。

为了更好地完成记账凭证的填制和审核，我们应该预先掌握什么知识呢？

知识储备　记账凭证的种类

记账凭证按照其反映的经济业务的内容来划分，通常可分为收款凭证、付款凭证和转账凭证。

1. 收款凭证

收款凭证是指用于记录库存现金和银行存款收款业务的记账凭证。收款凭证根据有关库存现金和银行存款收入业务的原始凭证填制，是登记库存现金日记账、银行存款日记账以及有关明细分类账和总分类账等账簿的依据，也是出纳人员收讫款项的依据。

2. 付款凭证

付款凭证是指用于记录库存现金和银行存款付款业务的记账凭证。付款凭证根据有关库存现金和银行存款支付业务的原始凭证填制，是登记库存现金日记账、银行存款日记账以及有关明细分类账和总分类账等账簿的依据，也是出纳人员支付款项的依据。

3. 转账凭证

转账凭证是指用于记录不涉及库存现金和银行存款业务的记账凭证。转账凭证根据有关转账业务的原始凭证填制，是登记有关明细分类账和总分类账等账簿的依据。

任务实施

了解记账凭证的种类后，让我们来看看如何填制、审核记账凭证吧！

步骤一　记账凭证

一、记账凭证的基本内容

记账凭证是登记账簿的依据。为了保证账簿记录的正确性，记账凭证必须具备以下基本内容：①填制凭证的日期；②凭证编号；③经济业务摘要；④会计科目；⑤金额；⑥所附原始凭证张数；⑦填制凭证人员、稽核人员、记账人员、会计机构负责人、会计主管人员签名或者盖章。收款和付款记账凭证还应当由出纳人员签名或者盖章。

二、记账凭证的填制要求

记账凭证的填制除要做到内容完整、书写清楚和规范外，还必须符合下列要求。

（1）除结账和更正错账可以不附原始凭证外，其他记账凭证必须附原始凭证。

（2）记账凭证可以根据每一张原始凭证填制，或根据若干张同类原始凭证汇总填制，也可根据原始凭证汇总表填制；但不得将不同内容和类别的原始凭证汇总填制在一张记账凭证上。

（3）记账凭证应连续编号。记账凭证应由主管该项业务的会计人员，按业务发生的顺序并按记账凭证的不同种类采用“字号编号法”连续编号，如银收字 1 号、现收字 2 号、现付字 1 号、银付字 2 号。如果一笔经济业务需要填制两张以上（含两张）记账凭证，可以采用“分数编号法”编号，如转字 $4\frac{1}{3}$ 号，转字 $4\frac{2}{3}$ 号、转字 $4\frac{3}{3}$ 号。为便于监督，反映收、付款业务的会计凭证不得由出纳人员编号。

（4）填制记账凭证时若发生错误，应当重新填制。已经登记入账的记账凭证在当年内发现填写错误时，可以用红字填写一张与原内容相同的记账凭证，在摘要栏内注明“注销某月某日某号凭证”字样，同时再用蓝字重新填制一张正确的记账凭证，在摘要栏内注明“订正某月某日某号凭证”字样。如果会计科目没有错误，只是金额错误，也可以将正确数字与错误数字之间的差额另编一张调整的记账凭证，调增金额用蓝字，调减金额用红字。发现以前年度记账凭证有错误的，应当用蓝字填制一张更正的记账凭证。

（5）记账凭证填制完成后，如有空行，应当自金额栏最后一笔金额数字下的空行处至合计数上的空行处画线注销。

记账凭证的基本格式如图 2－2－1 所示。

记　账　凭　证

年　　　月　　　日　　________字__________号

摘　要	会计科目	明细科目	借方金额								贷方金额								记账
			百	十	万	千	百	十	元	角	分	百	十	万	千	百	十	元	角	分	
合计：	（附件	张）																	

会计主管　　　　　　审核　　　　　　制证　　　　　　记账

图2－2－1　记账凭证的基本格式

步骤二　记账凭证的填制

一、收款凭证的填制

收款凭证是根据有关现金和银行存款收款业务的原始凭证填制的。凡引起现金、银行存款增加的业务（现金、银行存款相互划转业务除外），都要根据现金、银行存款增加的原始凭证，编制现金、银行存款的收款凭证；出纳人员对于已经收款的收款凭证及其所附的各种原始凭证，都要加盖“收讫”的戳记，以免重收。

该凭证左上角的“借方科目”按收款的性质填写“库存现金”或“银行存款”；日期填写的是编制本凭证的日期；右上角填写编制收款凭证的顺序号；“摘要”填写对所记录的经济业务的简要说明；“贷方科目”填写与收入现金或银行存款相对应的会计科目；“记账”是指该凭证已登记账簿的标记，防止经济业务重记或漏记；“金额”是指该项经济业务的发生额；该凭证右边“附件××张”是指本记账凭证所附原始凭证的张数；最下边分别由有关人员签章，以明确经济责任。

练一练

情境描述

英润服饰有限公司（法人代表：吴晓蓉；公司地址：青年东路139号；电话：85875123；纳税人登记号：320601666371991；开户银行及账号：中国银行南通分行营业部，

0184010128）2019 年 10 月发生下列经济业务。

（9）5 日，销售男士衬衫给金鹰国际购物中心，数量 100 件，售价 250 元/件，增值税税率为 17%，开出增值税专用发票，收到银行转来进账单（收账通知）。增值税专用发票和银行进账单如图 2－2－2 和图 2－2－3 所示。根据业务填制图 2－2－4 所示的收款凭证。

增值税专用发票

开票日期：2019年10月5日　　　　南通 No.00322688

购货单位			
名称	金鹰国际购物中心	纳税人登记号	3206837721010241
地址、电话	南通市南大街27号　83521113	开户银行及账号	中国工商银行南通分行 6222020200050165063

货物或应税劳务名称	计量单位	数量	单价	金额 百	十	万	千	百	十	元	角	分	税率（%）	税额 百	十	万	千	百	十	元	角	分
男士衬衫	件	100	250			2	5	0	0	0	0	0	17				4	2	5	0	0	0
合计					¥	2	5	0	0	0	0	0				¥	4	2	5	0	0	0
价税合计（大写）	⊗ 贰万玖仟贰佰伍拾元整												（小写）¥ 29 250.00									

销货单位			
名称	英润服饰有限公司	纳税人登记号	320601666371991
地址、电话	青年东路139号 85875123	开户银行及账号	中国银行南通分行营业部 0184010128
备注			

收款人：　　　　开票单位（未盖章无效）

第四联：销货方记账

图 2－2－2　英润服饰有限公司开出的增值税专用发票

银行进账单（收账通知）

2019年10月5日　　　　第　号

出票人		收款人	
全称	金鹰国际购物中心	全称	英润服饰有限公司
账号	6222020200050165063	账号	0184010128
开户行	中国工商银行南通分行	开户行	中国银行南通分行营业部

金额	千	百	十	万	千	百	十	元	角	分
人民币（大写）贰万玖仟贰佰伍拾元整			¥	2	9	2	5	0	0	0

票据种类		收款人开户银行签章
票据张数		
单位主管　会计　复核　记账		

图 2－2－3　英润服饰有限公司收到的银行进账单

收 款 凭 证

No. ____________

日期：　　年　　月　　日　　　　　　　　　　凭证号数 ________ 附原始凭证 ______ 份

摘　要	科　目	结算方式	记账	金　额									
				千	百	十	万	千	百	十	元	角	分
合 计	大写：　仟　佰　拾　万　仟　佰　拾　元　角　分												

主管　　　　会计　　　　出纳　　　　制单　　　　缴款人签字

图2－2－4　英润服饰有限公司收款凭证

二、付款凭证的填制

付款凭证是根据审核无误、有关库存现金和银行存款的付款业务的原始凭证填制的。付款凭证的填制方法与收款凭证基本相同，不同的是在付款凭证的左上角应填列贷方科目，即“库存现金”或“银行存款”科目，“借方科目”栏应填写与“库存现金”或“银行存款”相应的一级科目和明细科目。对于涉及“库存现金”和“银行存款”之间的相互划转业务，为了避免重复记账，一般只填制付款凭证，无须填制收款凭证。

出纳人员在办理付款业务后，应在原始凭证上加盖“付讫”的戳记，以免重付。

练一练

情境描述

英润服饰有限公司（法人代表：吴晓蓉；公司地址：青年东路139号；电话：85875123；纳税人登记号：320601666371991；开户银行及账号：中国银行南通分行营业部，0184010128）2019年10月发生下列经济业务。

（10）8日，从南通帝人公司购进面料一批，面料已入库。其中：A面料200米，单价20元，共计4 000元；B面料300米，单价10元，共计3 000元，增值税税率为17%，已开出转账支票支付以上款项。增值税发票如图2－2－5所示，转账支票存根如图2－2－6所示。根据业务填制图2－2－7所示的付款凭证。

增值税专用发票

开票日期：2019年10月8日 南通 No.00266779

购货单位	名称	英润服饰有限公司	纳税人登记号	320601666371991
	地址、电话	青年东路139号 85875123	开户银行及账号	中国银行南通分行营业部 0184010128

货物或应税劳务名称	计量单位	数量	单价	金额									税率（%）	税额								
				百	十	万	千	百	十	元	角	分		百	十	万	千	百	十	元	角	分
A 面料	米	200	20				4	0	0	0	0	0	17					6	8	0	0	0
B 面料	米	300	10				3	0	0	0	0	0						5	1	0	0	0
合计						¥	7	0	0	0	0	0				¥	1	1	9	0	0	0

价税合计（大写）	⊗ 捌仟壹佰玖拾元整		（小写）¥8 190.00	
销货单位	名称	南通帝人公司	纳税人登记号	320601672043660
	地址、电话	南大街29号 85237167	开户银行及账号	中国工商银行南通分行 6222020200050165829
备注				

第四联：销货方记账

收款人： 开票单位（未盖章无效）

图2-2-5 英润服饰有限公司收到的增值税专用发票

转账支票存根

中国银行转账支票存根

IV V270643

科 目：________

对方科目：________

出票日期：2019 年 10 月 8 日

收款人：南通帝人公司
金 额：¥8 190.00
用 途：购买面料

单位主管 会计 管晓娟

图2-2-6 英润服饰有限公司转账支票存根

付 款 凭 证

贷方科目： 年 月 日 凭证编号________

对方单位（或领款人）	摘要	借方科目		金额										记账签章
		总账科目	明细科目	千	百	十	万	千	百	十	元	角	分	
合 计 金 额														

附件 张

会计主管 稽核 出纳 制单 领款人签章

图2-2-7 英润服饰有限公司付款凭证

三、转账凭证的填制

转账凭证通常是根据有关转账业务的原始凭证填制的。转账凭证中“总账科目”和“明细科目”栏应填写应借、应贷的总账科目和明细科目，借方科目应记金额应在同一行的“借方金额”栏填列，贷方科目应记金额应在同一行的“贷方金额”栏填列，“借方金额”栏合计数与“贷方金额”栏合计数应相等。

练一练

情境描述

英润服饰有限公司（法人代表：吴晓蓉；公司地址：青年东路139号；电话：85875123；纳税人登记号：320601666371991；开户银行及账号：中国银行南通分行营业部，0184010128）2019年10月发生下列经济业务。

（11）24日，仓库发出下列材料用于生产，其中A面料200米，单价20元，共计4 000元；B面料100米，单价10元，共计1 000元。材料领用汇总表如图2－2－8所示。根据业务填制图2－2－9所示的转账凭证。

材料领用汇总表

2019年10月24日

项　目	A面料		B面料		合计金额/元
	数量/米	金额/元	数量/米	金额/元	
生产男式衬衫	150	3 000			3 000
生产女式衬衫	50	1 000	100	1 000	2 000
合计	200	4 000	100	1 000	5 000

图2－2－8　英润服饰有限公司材料领用汇总表

转账记账凭证

年　　月　　日　　　　凭证编号＿＿＿＿＿

摘　　要	借方科目		贷方科目		金额											记账符号
	总账科目	明细科目	总账科目	明细科目	亿	千	百	十	万	千	百	十	元	角	分	
附单据　　张	合		计													

会计主管人员　　记账　　稽核　　制单

图2－2－9　英润服饰有限公司转账记账凭证

步骤三 记账凭证的审核

为了保证会计信息的质量，在记账之前应由有关稽核人员对记账凭证进行严格的审核。审核的内容主要包括以下几个方面。

（1）记账凭证是否有原始凭证为依据，所附原始凭证或原始凭证汇总表的内容与记账凭证的内容是否一致。

（2）记账凭证各项目的填写是否齐全。

（3）记账凭证的应借、应贷科目以及对应关系是否正确。

（4）记账凭证所记录的金额与原始凭证的有关金额是否一致，计算是否正确。

（5）记账凭证中的记录是否文字工整、数字清晰，是否按规定进行更正等。

（6）出纳人员在办理收款或付款业务后，是否已在原始凭证上加盖“收讫”或“付讫”的戳记。

过程考核评价

填制和审核记账凭证过程考核评价的内容见表 2－2－1。

表 2－2－1 填制和审核记账凭证过程考核评价表

<table>
<tr><th colspan="8">学习任务 2－2 填制和审核记账凭证</th></tr>
<tr><td>学员姓名</td><td></td><td>学号</td><td></td><td>班级</td><td></td><td>日期</td><td></td></tr>
<tr><td>项目</td><td>考核项目</td><td>考核要求</td><td>配分</td><td colspan="3">评分标准</td><td>得分</td></tr>
<tr><td rowspan="2">知识目标</td><td>记账凭证概念描述</td><td>能正确描述记账凭证的基本内容</td><td>10</td><td colspan="3">描述不清楚扣 5 分，每缺失一项扣 2 分</td><td></td></tr>
<tr><td>记账凭证的种类</td><td>能描述记账凭证的种类</td><td>10</td><td colspan="3">描述不清楚扣 5 分，每缺失一项扣 2 分</td><td></td></tr>
<tr><td rowspan="5">能力目标</td><td rowspan="2">记账凭证的填写</td><td>会计数字的书写</td><td>10</td><td colspan="3">书写不规范扣 5 分，书写错误不得分</td><td></td></tr>
<tr><td>日期及单位的填写</td><td>10</td><td colspan="3">填写不规范扣 5 分，填写错误不得分</td><td></td></tr>
<tr><td>记账凭证的粘贴</td><td>能规范粘贴记账凭证</td><td>15</td><td colspan="3">粘贴不完整扣 5 分，每缺失一项扣 3 分</td><td></td></tr>
<tr><td>记账凭证的审核</td><td>能审核各类记账凭证</td><td>15</td><td colspan="3">审核不全面扣 5 分，每缺失一项扣 3 分</td><td></td></tr>
<tr><td>记账凭证问题的处理</td><td>能对出错的记账凭证进行处理</td><td>10</td><td colspan="3">每处理错误一项扣 2 分</td><td></td></tr>
</table>

（续）

项目	考核项目	考核要求	配分	评分标准	得分
方法及社会能力	过程方法	1. 学会自主发现、自主探索的学习方法； 2. 学会在学习中反思、总结，调整自己的学习目标，在更高水平上获得发展	10	学员在工作中有反思，有创新见解，能自主发现、自主探索，考官酌情给 5 ~ 10 分	
	社会能力	小组成员间团结，协作共同完成工作任务，有良好的职业素养（包括工服穿戴、工位卫生等）	10	（1）工服穿戴不全扣 5 分； （2）工位卫生情况差扣 5 分	
实训总结		你完成本次工作任务的体会（学到哪些知识，掌握哪些技能，有哪些收获）：			
得分					

工作小结

任务三 建账业务处理

03

建立账簿是企业进行会计核算的起点。由于各单位的会计核算是建立在持续经营与会计分期等假设基础之上的，因此，在每个会计期初，上期期末各账户的期末余额应过入本期各账簿，作为期初余额。对期末无余额的账户或未开设的账户（比如损益类账户）及企业新建立的客户流，按照企业的实际需要建立账簿。同时，企业在结束旧账时也应开设新账，这个过程就是所谓的期初建账。

项目一 开设账户和计算余额

任务描述

百业公司 2019 年 10 月初有关账户余额见表 3－1－1。

表 3－1－1 百业公司 2019 年 10 月初有关账户余额

单位：元

账户名称	期初余额	
	借方	贷方
银行存款	600 000	
固定资产	2 000 000	
短期借款		200 000
应付账款		160 000
实收资本		2 000 000
资本公积		240 000
合　　计	2 600 000	2 600 000

对于表中的内容，我们应该怎样完成账目的记录呢？

任务实施

为了更好地完成本任务，我们应该预先掌握什么知识呢？

知识储备　会计科目和账户

一、会计科目

会计科目又称科目，是对会计要素的具体内容进行分类核算的项目。

（1）按反映的经济内容分类，会计科目可分为资产类、负债类、所有者权益类、共同类、成本类和损益类六大类。

资产类科目，对资产要素的具体内容进行分类核算的项目，按资产的流动性分为反映流动资产的科目和反映非流动资产的科目。反映流动资产的科目有："库存现金""银行存款""原材料""应收账款""库存商品"等。反映非流动资产的科目有："长期股权投资""长期应收款""固定资产""无形资产""长期待摊费用"等。

> **注意**　资产类会计科目中有一些是用来反映资产价值损耗或损失的科目，如"累计折旧""累计摊销""坏账准备""存货跌价准备"等。这些科目反映相应资产的价值损耗或损失，目的是确定资产的账面价值，满足单位资产管理的需要。

负债类科目，对负债要素的具体内容进行分类核算的项目，按负债的偿还期限分为反映流动负债的科目和反映非流动负债的科目。反映流动负债的科目有："短期借款""应付账款""应付职工薪酬""应交税费"等。反映非流动负债的科目有："长期借款""应付债券""长期应付款"等。

所有者权益类科目，对所有者权益要素的具体内容进行分类核算的项目，按所有者权益的形成和性质可分为反映资本的科目和反映留存收益的科目。反映资本的科目有："实收资本"（或"股本"）、"资本公积"等。反映留存收益的科目有："盈余公积""本年利润""利润分配"等。所有者权益类的"本年利润"科目归属于利润会计要素，由于企业实现利润会增加所有者权益，因而将其作为所有者权益类科目。

共同类科目，指可能具有资产性质，也可能具有负债性质的科目，其性质取决于科目核算的结果。当其核算结果出现借方余额时，则作为资产科目；而当其核算结果出现贷方余额时，则作为负债科目。

成本类科目，对产品、劳务成本的构成内容进行分类核算的项目，按成本的不同内容和性质可以分为反映制造成本的科目和反映劳务成本的科目。反映制造成本的科目有"生产成本""制造费用"等。反映劳务成本的科目有"劳务成本"等。

损益类科目，对收入、费用要素的具体内容进行分类核算的项目，按损益的不同内容可以分为反映收入的科目和反映费用的科目。反映收入的科目有："主营业务收入""其他业务收入""营业外收入"等。反映费用的科目有："主营业务成本""其他业务成本""管理费用""财务费用""销售费用""所得税费用""营业外支出"等。损益类科目分别归属于收入要素和费用要素。

（2）按提供信息的详细程度及统驭关系分类，会计科目可分为总分类科目和明细分类科目。

所谓总分类科目，又称总账科目或一级科目，它是对会计要素各个大项进行分类，提供核算对象总括情况的科目。所谓明细分类科目，又称明细科目，是对总分类科目作的进一步分类，提供核算对象详细信息的科目。如果总账科目所属的明细科目较多，还可以在二级明细科目（亦称子目）之下增设三级明细科目（亦称细目），如图3－1－1所示。

会计科目
- 总账科目（一级科目）
- 明细科目
  - 二级子目
  - 三级细目

图3－1－1 会计科目按提供信息的详细程度及统驭关系分类

二、账户

账户是根据会计科目设置的，具有一定格式和结构，用于分类反映会计要素增减变动情况及结果的载体。账户以会计科目作为它的名称，并具备一定的格式（即结构）。设置账户是会计核算的重要方法之一。

根据核算的经济内容，账户可分为资产类账户、负债类账户、共同类账户、所有者权益类账户、成本类账户和损益类账户六类。根据提供信息的详细程度及统驭关系，账户可分为总分类账户和明细分类账户。

账户的基本结构分为左右两方，一方登记增加数，另一方登记减少数。至于账户哪一方登记增加数，哪一方登记减少数，取决于账户的性质。

对于一个账户而言，账户的左右两方分别用来登记增加数或减少数，增减相抵后的差额，称为账户的余额。余额按照时间不同，分为期初余额和期末余额。一个会计期间开始时记录的余额称为期初余额，结束时记录的余额称为期末余额。因此，账户可以提供期初余额、本期增加额、本期减少额和期末余额四个会计核算指标。其中，本期增加额是指在一定期间内（月、季、半年、年）在账户中登记的增加金额合计数，也叫本期增加发生额。本期减少额是指在一定期间内（月、季、半年、年）在账户中登记的减少金额合计数，也称本期减少发生额。四项会计核算指标金额的关系可以用以下等式来表示：

期末余额 = 期初余额 + 本期增加发生额 - 本期减少发生额

任务实施

了解记账科目与账户后，让我们来看看如何实施吧！

知识储备　借贷记账法

借贷记账法，是指以会计基本等式为理论依据，以“借”“贷”为记账符号，以“有借必有贷，借贷必相等”为记账规则来记录会计要素增减变化的一种复式记账方法。复式记账法是指对发生的每一项经济业务，都要以相等的金额，在相互联系的两个或两个以上的账户中进行记录的记账方法。复式记账法主要有借贷记账法、增减记账法和收付记账法。我国会计准则规定，企业、行政单位和事业单位会计核算采用借贷记账法记账。

借贷记账法下通常设置资产类、负债类、资产负债共同类三大类账户。这三大类账户所反映的经济业务的性质不同，账户结构也不同。会计核算所设立的各类账户，其结构从属于这三种类型。如成本费用类账户的结构与资产类账户的结构相同，所有者权益类、收入类账户的结构与负债类账户的结构相同。

在借贷记账法下，账户的基本结构是：左方为借方，右方为贷方。但哪一方登记增加，哪一方登记减少，则要由账户所反映的经济业务来决定。不同性质的账户，其结构是不同的。

步骤一　账户结构

一、资产类、负债类、所有者权益类账户的结构

按照会计基本等式建立的资产负债表，资产项目一般列在左方，负债和所有者权益项目一般列在右方。为了使账户中的记录与资产负债表的结构相吻合，各项资产的期初余额，应分别记入各账户的左方（借方）；各项负债和所有者权益的期初余额，应分别记入各账户的右方（贷方）。这样，在账户中登记经济业务时，资产的增加应记在资产期初余额的同一方向，即账户的左方（借方）；资产的减少应记在资产增加的相反方向，即账户的右方（贷方）。同样道理，负债与所有者权益的增加，应记在账户的右方（贷方）；负债与所有者权益的减少，应记在账户的左方（借方）。上述内容和登记方法，构成了借贷记账法下资产类账户、负债类账户及所有者权益类账户的基本结构，如图3-1-2、图3-1-3、图3-1-4所示。

借方	资产类账户 贷方
期初余额（上期资产余额）	
本期资产增加额	本期资产减少额
本期发生额（资产增加额合计）	本期发生额（资产减少额合计）
期末余额（资产实有数额）	

图3-1-2 借贷记账法下资产类账户的基本结构

借方	负债类账户 贷方
	期初余额（上期负债余额）
本期负债减少额	本期负债增加额
本期发生额（负债减少额合计）	本期发生额（负债增加额合计）
	期末余额（负债实有数额）

图3-1-3 借贷记账法下负债类账户的基本结构

借方	所有者权益类账户 贷方
	期初余额（上期所有者权益余额）
本期所有者权益减少额	本期所有者权益增加额
本期发生额（所有者权益减少额合计）	本期发生额（所有者权益增加额合计）
	期末余额（所有者权益实有数额）

图3-1-4 借贷记账法下所有者权益类账户的基本结构

期末余额计算公式：

资产类账户借方期末余额=借方期初余额+借方本期发生额-贷方本期发生额

负债类账户贷方期末余额=贷方期初余额+贷方本期发生额-借方本期发生额

所有者权益类账户贷方期末余额=贷方期初余额+贷方本期发生额-借方本期发生额

二、收入类和成本、费用类账户的结构

由于收入可理解为所有者权益的增加，成本、费用可理解为资产耗费的转化形态，在抵销收入之前也可以将其看作一种资产，因此，收入类账户和成本、费用类账户的结构也可用借、贷及不同的增减方式予以表达。

收入类账户增加额记入账户的贷方，减少额（或转销额）记入账户的借方。期末将本期收入净额转入所有者权益类账户中的本年利润账户，所以该类账户期末没有余额。

成本、费用类账户增加额记入账户的借方，减少额（或转销额）记入账户的贷方，期

末一般无余额；特殊账户如有余额，必定在借方，表示期末的资产余额。

收入类和成本、费用类账户的基本结构如图3－1－5、图3－1－6所示。

借方	收入类账户　　　　贷方
本期收入减少额（或转销额）	本期收入增加额
本期发生额（收入减少额或转销额合计）	本期发生额（收入增加额合计）

图3－1－5　借贷记账法下收入类账户的基本结构

借方	成本、费用类账户　　　　贷方
期初余额（特殊账户有余额）	
本期成本、费用增加额	本期成本、费用减少额（或转销额）
本期发生额（成本、费用增加额合计）	本期发生额（成本、费用减少额或转销额合计）
期末余额（特殊账户有余额，表示期末资产余额）	

图3－1－6　借贷记账法下成本、费用类账户的基本结构

三、资产负债共同类账户的结构

对于资产负债共同类账户，其结构实质上是把资产、负债两类账户的结构合二为一，即账户借方记录资产增加额和负债减少额，贷方记录资产减少额和负债增加额，账户余额可以在借方，也可以在贷方。当账户借方金额合计大于贷方金额合计时，期末余额在借方，账户为资产类账户；反之，当账户贷方金额合计大于借方金额合计时，期末余额在贷方，账户为负债类账户。资产负债共同类账户的结构如图3－1－7所示。

借方	账户名称　　　　贷方
本期资产增加额	本期资产减少额
本期负债减少额	本期负债增加额
期末余额（也可在贷方）	

图3－1－7　借贷记账法下资产负债共同类账户的基本结构

由于资产负债共同类账户的结构特殊，它既可以记录资产的增减变动，又可以反映负债的变化过程，余额可以两边倒，账户的性质视最后余额的方向而定。因此，各单位可根据自身的业务特点和管理需要，灵活设置一些共同类账户。例如，银行会计中的许多往来科目，如“金融机构往来”“人民银行往来”“联行往来”等设置为此类账户，既可完整、系统地核算经济业务，又可以减少账户的数量，简化核算手续，提高工作效率。

综上所述，各类经济业务的记账方向可归结为：资产和成本、费用的增加额，负债和

所有者权益与收入的减少额，记入有关账户的借方；资产和成本、费用的减少额，负债和所有者权益与收入的增加额，记入有关账户的贷方。借贷记账法下各类账户的结构可以集中简要列示，如图3－1－8所示。

借方　　　　　　　　　　　　　　　　账户名称　　　　　　　　　　　　　　　　贷方

资产的增加	资产的减少
负债的减少	负债的增加
所有者权益的减少	所有者权益的增加
收入的减少	收入的增加
成本、费用的增加	成本、费用的减少
余额：资产或成本余额	余额：负债或所有者权益余额

图3－1－8　借贷记账法下各类账户的结构

步骤二　记账规则

借贷记账法的记账规则是“有借必有贷，借贷必相等”。这一记账规则，可以从以下两个方面加以理解。

（1）会计基本等式“资产＝负债＋所有者权益”所涉及的四种业务类型已概括了所有的经济业务。在这四种业务类型中，不论是资产、负债、所有者权益内部还是负债与所有者权益之间，一增一减必定表现为一借一贷，同增或同减也必定表现为一借一贷。因此，在借贷记账法各账户记录中，经济业务发生必定“有借必有贷”。这种借贷关系叫账户的对应关系，存在对应关系的账户叫对应账户。

（2）由于复式记账的原理是对任何一笔经济业务必定以相等的金额同时在两个或两个以上有相互联系的账户中记账，因此，在“有借必有贷”的前提下，借方的金额和贷方的金额是以同一个金额记录的，所以“借贷必相等”。

综上所述，我们在实际运用借贷记账法规则去记录发生的经济业务时，一般是先确定经济业务发生时涉及的会计要素是增加还是减少，涉及哪两个或几个会计科目；然后再确定记入这些会计科目相对应账户结构的借方还是贷方，并且要保证借方金额等于贷方金额。

知识链接　会计分录

为了保证账户对应关系的正确性，严格遵守记账规则，有必要在把经济业务记入有关账户之前，先编制会计分录。会计分录（简称分录）指明某项经济业务应借、应贷账户的名称和金额。这项工作在西方普遍采用“日记账”的形式，在我国则习惯通过编制记账凭证进行。

会计分录是指按照复式记账的要求，标明某项经济业务应借、应贷的账户名称及金额的一种记录。一笔会计分录主要包括三个要素：会计科目（账户名称）、借贷方向（记账方向）和金额。

会计分录按其所涉及账户的多少，可分为简单会计分录和复合会计分录两种。简单会计分录是只涉及两个账户的会计分录，又称一借一贷的会计分录。复合会计分录是涉及两个以上（不包括两个）账户的会计分录。复合会计分录包括：一借多贷、多借一贷或者多借多贷的会计分录。可以说复合会计分录是由简单会计分录复合而成的会计分录。

但是，不能单纯为了简化记账手续，把互不相关的几个简单分录硬性合并成一笔多借多贷的会计分录，因为这样必然会造成账户对应关系模糊不清，不能正确地反映交易或事项的来龙去脉。一般不宜编制多借多贷的会计分录，但有些业务根据需要也可编制多借多贷的会计分录。

采用借贷记账法编制会计分录的格式是：先写借方科目，再写贷方科目，金额单位默认为“人民币元”。会计分录为上下结构，上借下贷，借贷错开，金额相等。

编制会计分录，应按以下步骤进行：

(1) 一项经济业务发生后，首先分析这项经济业务涉及的会计要素类别；

(2) 确定涉及哪些账户，是增加还是减少；

(3) 确定记入账户的方向，即借方还是贷方；

(4) 确定应借、应贷科目（账户名称）是否正确，借贷方金额是否相等。

步骤三　借贷记账法的试算平衡

试算平衡，是指为了验证会计记录的正确性，根据会计等式和复式记账原理，对本期各账户的全部记录进行汇总、计算，以检验其正确与否的一种专门方法。在借贷记账法下，试算平衡的方法有两种：发生额平衡法和余额平衡法。

一、发生额平衡法

发生额平衡法，是依据借贷记账法的记账规则“有借必有贷，借贷必相等”来试算平衡的。在借贷记账法下，对每一笔业务均以相等的金额记入两个或两个以上相关账户的借方和贷方，且记入借方的金额与记入贷方的金额相等。这样，当一定时期的全部经济业务都记入有关账户后，所有账户的借方发生额合计数必然等于所有账户的贷方发生额合计数。发生额平衡法正是基于这一原理来判断一定时期内会计记录是否正确的。运用发生额平衡法来试算平衡，可以按照下列公式进行试算：

全部账户本期借方发生额合计数 = 全部账户本期贷方发生额合计数

二、余额平衡法

在借贷记账法下，资产类账户的期末余额在借方，负债和所有者权益类账户的期末余额在贷方，由于存在“资产＝负债＋所有者权益”的平衡关系，所以全部账户的借方期末余额合计数应当等于全部账户的贷方期末余额合计数。余额平衡法主要是通过各种账户余额来检查、推断账务处理的正确性，其试算公式是：

资产类账户余额合计＝负债类账户余额合计＋所有者权益类账户余额合计

全部账户的期初借方余额合计＝全部账户的期初贷方余额合计

全部账户的期末借方余额合计＝全部账户的期末贷方余额合计

工作中，以上两种方法分别是通过编制“总分类账户本期发生额试算平衡表”和“总分类账户期末余额试算平衡表”来进行的，也可以将其合并为一张表，即“总分类账户本期发生额及余额试算平衡表”。

步骤四 借贷记账法的具体运用——实例

（1）百业公司2019年10月初有关账户余额如表3－1－1所示。

表3－1－1 百业公司2019年10月初有关账户余额

账户名称	期初余额	
	借方	贷方
银行存款	600 000	
固定资产	2 000 000	
短期借款		200 000
应付账款		160 000
实收资本		2 000 000
资本公积		240 000
合 计	2 600 000	2 600 000

（2）该公司10月发生下列经济业务：

①收到A单位投入的资本1 000 000元，存入银行；

②用银行存款120 000元偿还欠B企业货款；

③用银行存款100 000元购入一台全新机器设备；

④将资本公积80 000元按法定程序转增为实收资本；

⑤购进原材料40 000元，其中30 000元货款已用银行存款付讫，其余10 000元货款尚未支付（不考虑增值税）；

⑥签发一张面额为20 000元的银行承兑汇票，用以抵付应付账款；

⑦以银行存款60 000元偿还银行短期借款50 000元和前欠C单位货款10 000元。

按要求完成下列任务。

A. 根据上述经济业务编制会计分录，暂不考虑增值税。

a.

b.

c.

d.

e.

f.

g.

B. 将会计分录的记录记入有关账户中，填写表3－1－2。

表3－1－2 会计分录记录表

借方 银行存款 贷方

期初余额	
	本期发生额
期末余额	

借方	原材料	贷方
期初余额		
本期发生额	本期发生额	
期末余额		

借方	固定资产	贷方
期初余额		
本期发生额	本期发生额	
期末余额		

借方	短期借款	贷方
	期初余额	
本期发生额	本期发生额	
	期末余额	

借方	应付账款	贷方
	期初余额	
本期发生额	本期发生额	
	期末余额	

借方	应付票据	贷方
	期初余额	
本期发生额	本期发生额	
	期末余额	

借方	实收资本　　　　　贷方
	期初余额
本期发生额	本期发生额
	期末余额

借方	资本公积　　　　　贷方
	期初余额
本期发生额	本期发生额
	期末余额

C. 编制总分类账户发生额及余额试算平衡表，填写表3－1－3。

表3－1－3　总分类账户发生额及余额试算平衡表

2019年10月31日　　　　单位：元

会计科目	期初余额		本期发生额		期末余额	
	借方	贷方	借方	贷方	借方	贷方
银行存款						
原材料						
固定资产						
短期借款						
应付账款						
应付票据						
实收资本						
资本公积						
合　计						

过程考核评价

开设账户和计算余额过程考核评价的内容见表3－1－4。

表3－1－4 开设账户和计算余额考核评价表

<table>
<tr><td colspan="6">学习任务3－1 开设账户和计算余额</td></tr>
<tr><td colspan="2">学员姓名</td><td>学号</td><td>班级</td><td>日期</td><td></td></tr>
<tr><td>项目</td><td>考核项目</td><td>考核要求</td><td>配分</td><td>评分标准</td><td>得分</td></tr>
<tr><td rowspan="2">知识目标</td><td>会计科目概念描述</td><td>能正确描述会计科目的基本内容</td><td>10</td><td>描述不清楚扣5分，每缺失一项扣2分</td><td></td></tr>
<tr><td>会计分录概念描述</td><td>能正确描述会计分录的基本内容</td><td>10</td><td>描述不清楚扣5分，每缺失一项扣2分</td><td></td></tr>
<tr><td rowspan="5">能力目标</td><td rowspan="2">会计分录的填写</td><td>会计科目分类正确</td><td>10</td><td>填写不完整扣5分，填写错误不得分</td><td></td></tr>
<tr><td>金额数字无误</td><td>10</td><td>填写不规范扣5分，填写错误不得分</td><td></td></tr>
<tr><td>期初余额结算</td><td>能正确结算期初余额</td><td>15</td><td>每处理错误一项扣3分</td><td></td></tr>
<tr><td>本期发生额结算</td><td>能正确结算本期发生额</td><td>15</td><td>每处理错误一项扣3分</td><td></td></tr>
<tr><td>期末余额结算</td><td>能正确结算期末余额</td><td>10</td><td>每处理错误一项扣2分</td><td></td></tr>
<tr><td rowspan="2">方法及社会能力</td><td>过程方法</td><td>（1）学会自主发现、自主探索的学习方法；
（2）学会在学习中反思、总结，调整自己的学习目标，在更高水平上获得发展</td><td>10</td><td>学员在工作中有反思，有创新见解，能自主发现、自主探索，考官酌情给5～10分</td><td></td></tr>
<tr><td>社会能力</td><td>小组成员间团结，协作共同完成工作任务，有良好的职业素养（如工服穿戴、工位卫生等）</td><td>10</td><td>（1）工服穿戴不全扣5分；
（2）工位卫生情况差扣5分</td><td></td></tr>
<tr><td colspan="2">实训总结</td><td colspan="4">你完成本次工作任务的体会（学到哪些知识，掌握哪些技能，有哪些收获）：</td></tr>
<tr><td colspan="2">得分</td><td colspan="4"></td></tr>
</table>

工作小结

项目二 建立、开设账簿

任务描述

会计账簿（如图3－2－1）是以会计凭证为依据，对全部经济业务进行全面、系统、连续、分类地记录和核算的簿籍，是由具有专门格式并以一定形式联结在一起的账页所组成的。

设置和登记会计账簿，是会计核算重要的基础工作，是联结会计凭证和会计报表的中间环节，做好这项工作，对于加强一个企业、单位的经济管理具有十分重要的意义。

为了更好地完成账簿的建立，我们应该预先掌握什么知识呢？

图3－2－1 会计账簿

知识储备 会计账簿概述

会计账簿简称账簿，是指由一定格式的账页组成的，以经过审核的会计凭证为依据，全面、系统、连续地记录各项经济业务的簿籍。

会计账簿和会计凭证都是记录经济业务的会计资料，但两者记录的方式不同。会计凭证对经济业务的记录是零散的，不能全面、连续、系统地反映和监督经济业务内容；会计账簿对经济业务的记录是分类、序时、全面、连续的，能够把分散在会计凭证中的大量核算资料加以集中，为经营管理提供系统、完整的核算资料。

1. 会计账簿的基本内容

实际工作中，由于各种会计账簿所记录的经济业务不同，账簿的格式也多种多样，但各种账簿都应具备以下基本内容。

（1）封面，主要用来标明账簿的名称，如总分类账、各种明细分类账、库存现金日记账、银行存款日记账等。

（2）扉页，主要用来列明会计账簿的使用信息，如科目索引、账簿启用和经管人员一览表等。

（3）账页，是账簿用来记录经济业务的主要载体，包括账户的名称、日期栏、凭证种类和编号栏、摘要栏、金额栏，以及总页次和分户页次等基本内容。

2. 会计账簿的种类

会计账簿可以按照用途、账页格式、外形特征等进行分类。

（1）会计账簿按照用途，可分为序时账簿、分类账簿和备查账簿。

序时账簿又称日记账，是按照经济业务发生时间的先后顺序逐日、逐笔登记的账簿。在我国企业、行政事业单位中，库存现金日记账和银行存款日记账是应用比较广泛的日记账。

分类账簿，是指按照分类账户设置登记的账簿。分类账簿是会计账簿的主体，也是编制财务报表的主要依据。账簿按其反映经济业务的详略程度，可分为总分类账簿和明细分类账簿。其中，总分类账簿简称总账，是根据总分类账户开设的，总括地反映某类经济活动的账簿；总分类账簿主要为编制财务报表提供直接数据资料，通常采用三栏式。明细分类账簿简称明细账，是根据明细分类账户开设的，用来提供明细的核算资料。明细分类账簿可采用的格式主要有三栏式明细账（格式与三栏式总分类账相同）、数量金额式明细账等。

备查账簿又称辅助登记簿或补充登记簿，是指对某些在序时账簿和分类账簿中未能记载或记载不全的经济业务进行补充登记的账簿。例如，反映企业租入固定资产的“租入固定资产登记簿”、反映为其他企业代管商品的“代管商品物资登记簿”等。备查账簿只是对其他账簿记录的一种补充，与其他账簿之间不存在严密的依存和勾稽关系。

备查账簿根据企业的实际需要设置，没有固定的格式要求。

（2）会计账簿按照账页格式，可分为三栏式账簿、多栏式账簿、数量金额式账簿。

三栏式账簿，是指设有借方、贷方和余额三个金额栏目的账簿。各种日记账、总账以及资本、债权、债务类明细账都可以采用三栏式账簿。三栏式账簿又分为设对方科目和不设对方科目两种，区别是摘要栏和借方金额栏之间是否设“对方科目”栏。设“对方科目”栏的三栏式账簿，称为“设对方科目的三栏式账簿”；不设“对方科目”栏的，称为“不设对方科目的三栏式账簿”。

多栏式账簿，是指在账簿的两个金额栏目（借方和贷方）按需要分设若干专栏的账簿。这种账簿可以按“借方”和“贷方”分设专栏，也可以只设“借方”或“贷方”专栏，设多少栏则根据需要确定。这种格式适用于收入、成本、费用类科目的明细核算。

数量金额式账簿，是指在账簿的借方、贷方和余额三个栏目内，每个栏目再分设数量、单价和金额三个小栏，借以反映财产物资的实物数量和价值量的账簿。原材料、库存商品等明细账一般采用数量金额式账簿。

(3) 会计账簿按照外形特征，可分为订本式账簿、活页式账簿、卡片式账簿。

订本式账簿简称订本账，是在启用前将编有顺序页码的一定数量的账页装订成册的账簿。订本式账簿的优点是能防止账页散失和抽换账页；其缺点是不能准确为各账户预留账页。订本式账簿一般适用于重要的和具有统驭性的总分类账、库存现金日记账、银行存款日记账。

活页式账簿简称活页账，是将一定数量的账页置于活页夹内，可根据记账内容的变化而随时增加或减少部分账页的账簿。活页式账簿的优点是记账时可以根据实际需要，随时将空白账页装入账簿，或抽去不需要的账页，便于分工记账；缺点是如果管理不善，可能会造成账页散失或被故意抽换。活页式账簿一般适用于明细分类账。

卡片式账簿简称卡片账，是将一定数量的卡片式账页存放于专设的卡片箱中，可以根据需要随时增添账页的账簿。这种账簿灵活方便，记录的内容详细具体，可以跨年度使用而无须更换账页，也便于分类汇总和根据管理的需要转移卡片；但这种账簿的账页容易散失和被抽换。因此，使用时应在卡片上连续编号，以保证安全。

卡片式账簿一般适用于账页需要随着物资使用或随着存放地点的转移而重新排列的明细账，如固定资产明细分类账。严格说来，卡片账也是一种活页账，不过它不是装在活页夹中，而是保存在卡片箱内。

在我国，企业一般只对固定资产的核算采用卡片账形式，也有少数企业在材料核算中使用材料卡片。

任务实施

了解会计账簿概念后，让我们来看看如何设立账簿吧！

步骤一 开启账簿

一般情况下，总账、日记账和多数明细账应每年更换一次，但有些财产物资明细账和债权债务明细账，由于材料品种、规格和往来单位较多，更换新账时重抄一遍工作量较大，因此可以跨年度使用。各种备查账也可以连续使用。

年度开始建立新账时，应按以下规定填写。

1. 设置会计账簿的封面

除订本账不另外设封面以外，各种活页账都应该设置封面以及封底，并且登记单位名称、账簿名称以及所属会计年度，如图 3－2－2 所示。

____

____年____月____日

会 计 账 簿 封 面

项目名称:______________

____

____

____

第____册　共____册

财务负责人:______记账:______复核:______保管:______装订人:______

图3-2-2　会计账簿封面

2. 登记会计账簿启用及经管人员一览表

在启用新会计账簿时，应先填写扉页上“账簿启用及交接表”中的启用说明，其中包括单位名称、账簿名称、账簿编号、启用日期、财务负责人、主管财务、复核人员和记账人员等项目，并加盖单位公章。在会计人员发生变更时，应办理交接手续并填写“账簿启用及交接表”中的交接记录，如图3-2-3所示。

账 簿 启 用 及 交 接 表

<table>
<tr><td>单位名称</td><td colspan="6"></td><td colspan="5">印　鉴</td></tr>
<tr><td>账簿名称</td><td colspan="6"></td><td colspan="5" rowspan="4"></td></tr>
<tr><td>账簿编号</td><td colspan="6"></td></tr>
<tr><td>账簿页数</td><td colspan="6">本账簿共计　页</td></tr>
<tr><td>启用日期</td><td colspan="6">年　月　日</td></tr>
<tr><td rowspan="3">经管人员</td><td colspan="2">负责人</td><td colspan="4">财务主管</td><td colspan="3">复核</td><td colspan="2">记账</td></tr>
<tr><td>姓名</td><td>盖章</td><td>姓名</td><td colspan="3">盖章</td><td>姓名</td><td colspan="2">盖章</td><td>姓名</td><td>盖章</td></tr>
<tr><td></td><td></td><td></td><td colspan="3"></td><td></td><td colspan="2"></td><td></td><td></td></tr>
<tr><td rowspan="8">交
接
记
录</td><td colspan="2">负责人</td><td colspan="4">接管签名</td><td colspan="4">交出签名</td><td>监交人签名</td></tr>
<tr><td>姓名</td><td>职务</td><td>姓名</td><td>年</td><td>月</td><td>日</td><td>姓名</td><td>年</td><td>月</td><td>日</td><td></td></tr>
<tr><td></td><td></td><td></td><td></td><td></td><td></td><td></td><td></td><td></td><td></td><td></td></tr>
<tr><td></td><td></td><td></td><td></td><td></td><td></td><td></td><td></td><td></td><td></td><td></td></tr>
<tr><td></td><td></td><td></td><td></td><td></td><td></td><td></td><td></td><td></td><td></td><td></td></tr>
<tr><td></td><td></td><td></td><td></td><td></td><td></td><td></td><td></td><td></td><td></td><td></td></tr>
<tr><td></td><td></td><td></td><td></td><td></td><td></td><td></td><td></td><td></td><td></td><td></td></tr>
<tr><td></td><td></td><td></td><td></td><td></td><td></td><td></td><td></td><td></td><td></td><td></td></tr>
<tr><td>备注</td><td colspan="11"></td></tr>
</table>

图3-2-3　账簿启用及交接表

3. 填写账户目录

总账应按照会计科目的编号顺序填写科目名称及启用页码。在启用活页式明细分类账时，应按照所属会计科目填写科目名称和页码，在年度结账后，撤去空白账页，填写使用页码。

4. 粘贴印花税票

（1）粘贴印花税票的账簿，印花税票一律粘在账簿扉页启用表的备注栏里，并在印花税票中间画两根出头的横线，以示注销。

（2）使用缴款书缴纳印花税，在账簿扉页启用表上的左上角注明“印花税已缴”及缴款金额。缴款书作为记账凭证的原始凭证登记入账。

启用订本式账簿，应从第一页到最后一页顺序编定页数，不得跳页、缺号。使用活页式账页，应按账户顺序编列分页号：一个账户编一个号，如一个账户记载两页以上账页，可在“分页号”后加编附号。例如，某账户的分页号（5号）有3页账页时，分页号即分别编为5－1、5－2和5－3。年终装订成册后再按实际使用的账页顺序编定页数，另加账户目录，填写每个账户的分页号、科目名称和页码，账户目录格式如图3－2－4。

账户目录

分页号	科目名称	页码	分页号	科目名称	页码

图3－2－4　账户目录

步骤二　会计账簿的格式与登记方法

一、日记账的格式与登记方法

日记账是按照经济业务发生或完成的时间先后顺序逐日逐笔进行登记的账簿。设置日记账的目的，是为了使经济业务的时间顺序清晰地反映在账簿记录中。在我国，大多数企业一般只设置库存现金日记账和银行存款日记账。现金日记账的一般格式如图 3 –2 –5 所示。

OSS

第3号

现　金　日　记　账

年		凭　证		对方科目	摘　　要	借　方											贷　方											余　额											核对
月	日	种类	号数			亿	千	百	十	万	千	百	十	元	角	分	亿	千	百	十	万	千	百	十	元	角	分	亿	千	百	十	万	千	百	十	元	角	分	

复核

图3 –2 –5　现金日记账一般格式

1. 库存现金日记账的格式与登记方法

库存现金日记账是用来核算和监督库存现金日常收、付和结存情况的序时账簿。库存现金日记账的格式主要是三栏式，库存现金日记账必须使用订本账。

三栏式库存现金日记账是用来登记库存现金的增减变动及其结果的日记账。设借方、贷方和余额三个金额栏目，一般将其分别称为收入、支出和结余三个基本栏目。

三栏式库存现金日记账是由出纳人员根据库存现金收款凭证、库存现金付款凭证以及银行存款的付款凭证，按照库存现金收、付款业务和银行存款付款业务发生时间的先后顺序逐日逐笔登记。三栏式库存现金日记账的登记方法如下。

①日期栏，是记账凭证的日期，应与库存现金实际收付日期一致。

②凭证栏，是登记入账的收付款凭证的种类和编号，如“库存现金收（付）款凭证”，简写为“现收（付）”；“银行存款收（付）款凭证”，简写为“银收（付）”。凭证栏还应登记凭证的编号数，以便于查账和核对。

③摘要栏，是说明登记入账的经济业务的内容。

④对方科目栏，是库存现金收入的来源科目或支出的用途科目。如从银行提取现金，其来源科目（即对方科目）为“银行存款”。

⑤收入、支出栏（或借方、贷方），是库存现金实际收付的金额。

每日终了，应分别计算库存现金收入和付出的合计数，并结出余额，同时将余额与出纳人员的库存现金核对。如账款不符应查明原因，记录备案。月终同样要计算库存现金收、付和结存的合计数。

2. 银行存款日记账的格式与登记方法

银行存款日记账是用来核算和监督银行存款每日的收入、支出和结余情况的账簿。银行存款日记账应按企业在银行开立的账户和币种分别设置，每个银行账户设置一本日记账。由出纳人员根据与银行存款收付业务有关的记账凭证，按时间先后顺序逐日逐笔进行登记。根据银行存款收款凭证和有关的库存现金付款凭证登记银行存款收入栏，根据银行存款付款凭证登记银行存款支出栏，每日结出存款余额。

银行存款日记账的格式与库存现金日记账相同，可以采用三栏式，也可以采用多栏式。多栏式可以将收入和支出的核算在一本账上进行，也可以分设“银行存款收入日记账”和“银行存款支出日记账”两本账。其格式和登记方法与“库存现金收入日记账”和“库存现金支出日记账”基本相同。

银行存款日记账的登记方法与库存现金日记账的登记方法基本相同。

二、总分类账的格式与登记方法

总分类账是指按照总分类账户分类登记以总括地反映会计信息的账簿。总分类账最常用的格式为三栏式，设有借方、贷方和余额三个金额栏目。其格式如图 3 –2 –6 所示。

总 分 类 账

一级科目……………………

年		凭证		摘要	借方	核对	贷方	核对	借或贷	余额	核对
月	日	种类	号数		十亿千百十万千百十元角分		十亿千百十万千百十元角分			十亿千百十万千百十元角分	

图3 –2 –6　总分类账一般格式

总分类账的登记方法因登记的依据不同而有所不同。经济业务少的小型单位的总分类账可以根据记账凭证逐笔登记；经济业务多的大中型单位的总分类账可以根据记账凭证汇总表（又称科目汇总表）或汇总记账凭证等定期登记。

三、明细分类账的格式与登记方法

明细分类账是根据有关明细分类账户设置并登记的账簿。它能提供交易或事项比较详细的核算资料，以弥补总账所提供核算资料的不足。明细分类账一般采用活页式账簿、卡片式账簿。明细分类账一般根据记账凭证和相应的原始凭证来登记。

根据各种明细分类账所记录经济业务的特点，明细分类账的常用格式主要有以下三种。

1. 三栏式

三栏式明细账页是设有借方、贷方和余额三个栏目，用以分类核算各项经济业务，提供详细核算资料的账簿，一般用于“应收账款”“应付账款”“短期借款”“长期借款”“实收资本”等账户的明细分类核算。其格式与三栏式总账格式相同，如图3－2－7所示。

明细分类账

年		凭单号	摘　要	借　方	贷　方	余　额			
月	日			亿千百十万千百十元角分	亿千百十万千百十元角分	亿千百十万千百十元角分	百十万千百十元角分	百十万千百十元角分	百十万千百十元角

图3－2－7　×××明细分类账（三栏式）一般格式

2. 多栏式

多栏式明细账页是将属于同一个总账科目的各个明细科目合并在一张账页上进行登记，即在这种格式账页的借方或贷方金额栏内按照明细项目设若干专栏。这种格式适用于收入、成本、费用类账户的明细核算，如“制造费用”“管理费用”“主营业务收入”“本年利润”等账户的明细分类核算。

3. 数量金额式

数量金额式明细账页适用于既要进行金额核算又要进行数量核算的账户，如“原材料”“库存商品”等存货账户，其借方（收入）、贷方（发出）和余额（结存）都分别设有数量、单价和金额三个专栏。数量金额式明细账页提供了企业有关财产物资收、发、存的数量和金额的详细资料，从而能加强对财产物资的实物管理和使用监督，保证这些财产物资的安全完整。数量金额式明细账页格式如图3－2－8所示。

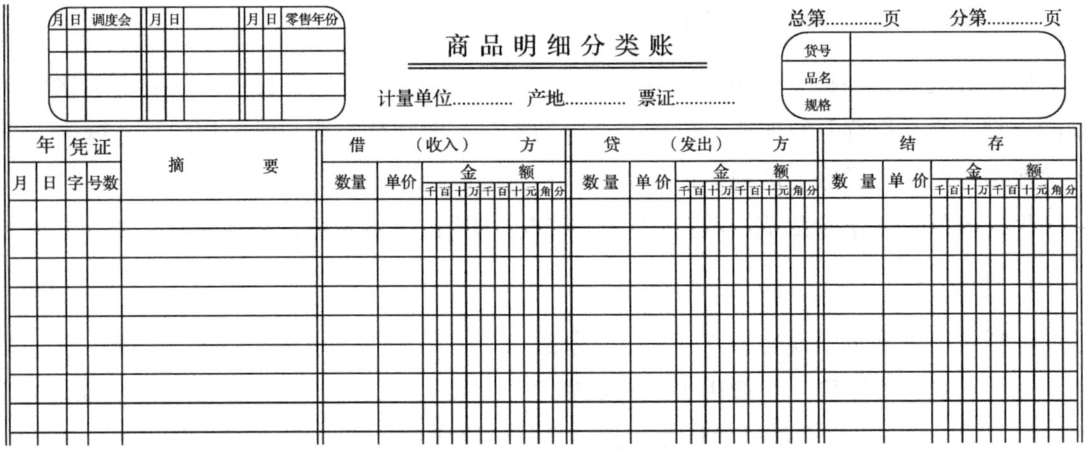

图3-2-8 商品明细分类账（数量金额式）一般格式

四、总分类账户与明细分类账户的平行登记

所谓平行登记，是指对所发生的每项经济业务都要以会计凭证为依据，一方面记入有关总分类账户，另一方面记入所属明细分类账户的方法。

总分类账户与明细分类账户平行登记的要点有如下几个方面的内容。

（1）方向相同。在总分类账户及其所辖的明细分类账户中登记同一项经济业务时，方向应当相同。即在总分类账户中记入借方，在其所辖的明细分类账户中也应记入借方；在总分类账户中记入贷方，在其所辖的明细分类账户中也应记入贷方。

（2）期间一致。发生的经济业务，记入总分类账户和所辖明细分类账户的具体时间可以有先后，但应在同一个会计期间记入总分类账户和所辖明细分类账户。

（3）金额相等。记入总分类账户的金额必须与记入其所辖的一个或几个明细分类账户的金额合计数相等。

步骤三 对账与结账

一、对账

对账，是对账簿记录所进行的核对，也就是核对账目。对账工作一般在记账之后结账之前，即在月末进行。对账一般可以分为账证核对、账账核对和账实核对。

1. 账证核对

账证核对是指将账簿记录与会计凭证核对，核对账簿记录与原始凭证、记账凭证的时间、凭证字号、内容、金额等是否一致，记账方向是否相符，是否做到账证相符。

2. 账账核对

账账核对是在账证核对相符的基础上，对不同账簿记录之间的有关数字进行的核对。

账账核对的内容主要包括以下几个方面。

①总分类账簿之间的核对。按照“资产 = 负债 + 所有者权益”这一会计等式和“有借必有贷，借贷必相等”的记账规则，总分类账簿各账户的期初余额、本期发生额和期末余额之间存在对应平衡关系，各账户的期末借方余额合计和贷方余额合计也存在平衡关系。通过这种平衡关系，可以检查总账记录是否正确、完整。

②总分类账簿与所辖明细分类账簿之间的核对。总分类账各账户的期末余额应与其所辖各明细分类账的期末余额之和核对相符。

③总分类账簿与序时账簿之间的核对。库存现金总账和银行存款总账的期末余额，与库存现金日记账和银行存款日记账的期末余额之间的核对。

④明细分类账簿之间的核对。例如，会计机构有关实物资产的明细账与财产物资保管部门或使用部门的明细账定期核对，以检查余额是否相符。核对方法一般是由财产物资保管部门或使用部门定期编制收发结存汇总表报会计机构核对。

3. 账实核对

账实核对是指各项财产物资、债权债务等账面余额与实有数额之间的核对。

账实核对的内容主要包括以下几个方面。

①库存现金日记账账面余额与库存现金实际库存数逐日核对是否相符。

②银行存款日记账账面余额与银行对账单的余额定期核对是否相符。

③各项财产物资明细账账面余额与财产物资的实有数额定期核对是否相符。

④有关债权债务明细账账面余额与对方单位的账面记录核对是否相符。

二、结账

结账是将账簿记录定期结算清楚的会计工作。在一定时期结束时（如月末、季末或年末），为了编制财务报表，需要进行结账，具体包括月结、季结和年结。

结账的内容通常包括两个方面：①结清各种损益类账户，并据以计算、确定本期利润；②结出各资产、负债和所有者权益账户的本期发生额合计和期末余额。

结账的要点主要有以下几个方面。

（1）对不需按月结计本期发生额的账户，如各项应收、应付款明细账和各项财产物资明细账等，每次记账以后，都要随时结出余额，每月最后一笔余额是月末余额。月末结账时，只需要在最后一笔经济业务记录下面画通栏单红线，不需要再次结计余额。

（2）库存现金、银行存款日记账和需要按月结计发生额的收入、费用等明细账，每月结账时，要在最后一笔经济业务记录下面画通栏单红线，结出本月发生额和余额，在摘要栏内注明“本月合计”字样，并在下面画通栏单红线。

（3）对于需要结计本年累计发生额的明细账户，每月结账时，应在“本月合计”行下结出自年初起至本月末止的累计发生额，登记在月份发生额下面；在摘要栏内注明“本年累计”字样，并在下面画通栏单红线。12 月末的“本年累计”就是全年累计发生额，全年累计发生额下画通栏双红线。

（4）总账账户平时只需结出月末余额。年终结账时，为了总括地反映全年各项资金运动情况的全貌，核对账目时要将所有总账账户结出全年发生额和年末余额，在摘要栏内注明“本年合计”字样，并在合计数下画通栏双红线。

（5）年度终了结账时，有余额的账户，应将其余额结转下年，并在摘要栏注明“结转下年”字样；在下一会计年度新建有关账户的第一行余额栏内填写上年结转的余额，并在摘要栏注明“上年结转”字样，使年末有余额的账户的余额如实地在账户中得以反映，以免混淆有余额的账户和无余额的账户。

步骤四　错账更正的方法

在记账过程中，可能由于种种原因使账簿记录发生错误。对于发生的账簿记录错误应当采用正确、规范的方法予以更正，不得涂改、挖补、刮擦或者用药水消除字迹，不得重新抄写。错账更正的方法一般有画线更正法、红字更正法和补充登记法三种。

一、画线更正法

结账前发现账簿记录有文字或数字错误，而记账凭证没有错误，应当采用画线更正法。更正时，可在错误的文字或数字上画一条红线，在红线的上方填写正确的文字或数字，并由记账人员和会计机构负责人（会计主管人员）在更正处盖章，以明确责任。需要注意的是，更正时不得只划销错误数字，应将全部数字划销，并保持原有数字清晰可辨，以便审查。

例如，把“3 457”元误记为“8 457”元时，应将错误数字“8 457”全部用红线注销后，写上正确的数字“3 457”，而不是只删改一个“8”字。如记账凭证中的文字或数字发生错误，在尚未过账前，也可用画线更正法更正。

二、红字更正法

红字更正法，是指用红字冲销原有错误的凭证记录及账户记录，以更正或调整账簿记录的一种方法，适用于以下两种情形。

（1）记账后发现记账凭证中的应借、应贷会计科目有错误所引起的记账错误。

更正方法：红字填写一张与原记账凭证完全相同的记账凭证，在摘要栏内注明“注销某月某日某号凭证”，并据以用红字登记入账，以示注销原记账凭证，然后用蓝字填写一张正确的记账凭证，并据以用蓝字登记入账。

（2）记账后发现记账凭证和账簿记录中应借、应贷会计科目无误，只是所记金额大于应记金额所引起的记账错误。

更正方法：按多记的金额用红字编制一张与原记账凭证应借、应贷科目完全相同的记账凭证，在摘要栏内标明“冲销某月某日第×号记账凭证多记金额”，以冲销多记金额，并据以用红字登记入账。

三、补充登记法

补充登记法，是指用蓝字补记金额，以更正原错误账簿记录的一种方法。

适用的情况：在记账后，发现记账凭证与账簿记录中所记金额小于应记金额，而科目对应关系无误。

更正方法：按少记的金额用蓝字填制一张与原记账凭证应借、应贷科目完全相同的记账凭证，在摘要栏内写明“补记某月某日第×号记账凭证少记金额”，以补充少记的金额，并据以用蓝字登记入账。

过程考核评价

建立、开设账簿过程考核评价的内容如表3－2－1所示。

表3－2－1　建立、开设账簿过程考核评价表

<table>
<tr><th colspan="8">学习任务3－2　建立、开设账簿</th></tr>
<tr><td colspan="2">学员姓名</td><td></td><td>学号</td><td>班级</td><td></td><td>日期</td><td></td></tr>
<tr><td>项目</td><td colspan="2">考核项目</td><td>考核要求</td><td>配分</td><td colspan="2">评分标准</td><td>得分</td></tr>
<tr><td rowspan="2">知识目标</td><td colspan="2">账簿开设的意义</td><td>能正确描述账簿开设的意义</td><td>10</td><td colspan="2">描述不清楚扣5分，每缺失一项扣2分</td><td></td></tr>
<tr><td colspan="2">账簿开设的方法</td><td>能描述账簿开设的方法</td><td>10</td><td colspan="2">描述不清楚扣5分，每缺失一项扣2分</td><td></td></tr>
<tr><td>能力目标</td><td colspan="2">登记日期、编号、摘要</td><td>（1）日期正确；
（2）按顺序编号；
（3）摘要简明扼要，说明清楚，书写整洁</td><td>15</td><td colspan="2">不符合要求者，每项扣5分</td><td></td></tr>
</table>

（续）

项目	考核项目	考核要求	配分	评分标准	得分
能力目标	总账科目和明细科目	（1）总账科目填制正确； （2）明细科目填制正确	20	每填写错误一项扣10分	
	登记账簿	（1）准确完整； （2）注明记账符号； （3）文字、数字整洁清晰	15	不符合要求者，每项扣5分	
	登记期初余额	（1）登记完整； （2）金额准确	10	不符合要求者，每项扣5分	
方法及社会能力	过程方法	（1）学会自主发现、自主探索的学习方法； （2）学会在学习中反思、总结，调整自己的学习目标，在更高水平上获得发展	10	学员在工作中有反思，有创新见解，能自主发现、自主探索，考官酌情给5~10分	
	社会能力	小组成员间团结、协作共同完成工作任务，养成良好的职业素养（包括工服穿戴、工位卫生等）	10	（1）工服穿戴不全扣5分； （2）工位卫生情况差扣5分	
实训总结		你完成本次工作任务的体会（学到哪些知识，掌握哪些技能，有哪些收获）：			
得分					

工作小结

任务四
会计报表编制

04

会计报表是对日常核算的资料按一定的表格形式进行汇总反映和综合反映的报告文件。由于日常核算资料具有零星、分散、量大等特点，为了便于各级管理人员掌握单位一定时期的经济活动情况及效益，必须将日常核算的资料按统一规定的格式和口径进行汇总和综合。

项目一　资产负债表编制

任务描述

资产负债表亦称财务状况表，是表示企业在一定日期（通常为各会计期末）的财务状况（即资产、负债和所有者权益的状况）的主要会计报表。资产负债表利用会计平衡原则，将合乎会计原则的资产、负债、所有者权益等交易科目分为“资产”和“负债及所有者权益”两大区块，在经过分录、转账、分类账、试算、调整等会计程序后，以特定日期的静态企业情况为基准，浓缩成一张报表。

其报表功用除了企业内部除错、把握经营方向、防止出现弊端外，也可让所有阅读者于最短时间了解企业经营状况。

为了更好地完成资产负债表的编制，我们应该预先掌握什么知识呢?

知识储备　资产负债表概述

资产负债表，是指反映企业在某一特定日期的财务状况的报表，是企业经营活动的静态体现。资产负债表主要反映资产、负债和所有者权益三方面的内容，并满足“资产＝负债＋所有者权益”平衡式。

1．资产

资产是指由过去的交易或事项形成的，并由企业在某一特定日期所拥有或控制的，预期会给企业带来经济利益的资源。资产应当按照流动资产和非流动资产两大类别在资产负债表中列示，在流动资产和非流动资产类别下进一步按性质分项列示。

流动资产，是指预计在一个正常营业周期中变现、出售或耗用，或者主要为交易目的而持有，或者预计在资产负债表日起 1 年内（含 1 年）变现的资产，或者自资产负债表日起 1 年内交换其他资产或清偿负债的能力不受限制的现金或现金等价物。资产负债表中列示的流动资产项目通常包括：货币资金、交易性金融资产、应收票据、应收账款、预付款项、其他应收款、存货和一年内到期的非流动资产等。

非流动资产，是指流动资产以外的资产。资产负债表中列示的非流动资产项目通常包括：长期股权投资、固定资产、在建工程、无形资产、开发支出以及其他非流动资产等。

2．负债

负债是指在某一特定日期企业所承担的、预期会导致经济利益流出企业的现时义务。负债应当按照流动负债和非流动负债两大类别在资产负债表中进行列示，在流动负债和非流动负债类别下再进一步按性质分项列示。

流动负债，是指预计在一个正常营业周期中清偿，或者主要为交易目的而持有，或者自资产负债表日起 1 年内（含 1 年）到期应予以清偿，或者企业无权自主地将清偿推迟至资产负债表日后 1 年以上的负债。资产负债表中列示的流动负债项目通常包括：短期借款、应付票据、应付账款、预收款项、应付职工薪酬、应交税费、其他应付款、一年内到期的非流动负债等。

非流动负债，是指流动负债以外的负债。非流动负债项目通常包括：长期借款、应付债券和其他非流动负债等。

3．所有者权益

所有者权益是企业资产扣除负债后的剩余权益，反映企业在某一特定日期股东（或投资者）拥有的净资产的总额，它一般按照实收资本（或股本，下同）、其他权益工具、资本公积、其他综合收益、盈余公积和未分配利润分项列示。

任务实施

了解资产负债表的概念后，让我们来看看如何编制资产负债表吧！

步骤一 资产负债表的结构

资产负债表一般由表头、表体两部分组成。表头部分应列明报表名称、编制单位名称、资产负债表日、报表编号和计量单位；表体部分是资产负债表的主体，列示了用来说明企业财务状况的各个项目。

资产负债表有两种基本格式，即报告式资产负债表和账户式资产负债表。报告式资产负债表是上下结构的，上半部列示资产，下半部列示负债和所有者权益。具体排列形式有两种：一种是按“资产 = 负债 + 所有者权益”的原理排列；另一种是按“资产 − 负债 = 所有者权益”的原理排列。账户式资产负债表是左右结构，左边列示资产，右边列示负债和所有者权益，类似“T”形账户。

在我国，资产负债表采用账户式结构，即报表分为左右两方，左方列示资产各项目，反映全部资产的分布及存在形态，一般按资产的流动性大小排列，流动性大的资产如“货币资金”“交易性金融资产”等排在前面，流动性小的资产如“长期股权投资”“固定资产”等排在后面；右方列示负债和所有者权益各项目，反映全部负债和所有者权益的内容及构成情况，一般按要求清偿时间的先后顺序排列，“短期借款”“应付票据”“应付账款”等需要在一年以内或者长于一年的一个正常营业周期内偿还的流动负债排在前面，“长期借款”等在一年以上才需偿还的非流动负债排在中间，在企业清算之前不需要偿还的所有者权益项目排在后面。

此外，为了使报表使用者比较不同时点资产负债表的数据，掌握企业财务状况的变动情况及发展趋势，企业需要提供比较资产负债表，比较资产负债表应就各项目再分为“年初余额”和“期末余额”两栏分别填列。

账户式资产负债表中的资产各项目的合计等于负债和所有者权益各项目的合计，即资产负债表左方和右方平衡。因此，通过账户式资产负债表，可以反映资产、负债和所有者权益之间的内在联系，即“资产 = 负债 + 所有者权益”。

我国企业资产负债表格式如图 4 − 1 − 1 所示。

步骤二 资产负债表的编制

一、“年初余额”栏的填列方法

资产负债表“年初余额”栏内各项目数字，应根据上年年末资产负债表“期末余额”栏内所列数字填列。如果本年度资产负债表规定的项目名称和内容同上年度不一致，应对

资产负债表

编制单位：　　　　所属期：　　　　单位：元

资　产	行次	年初数	期末数	负债及所有者权益	行次	年初数	期末数
流动资产：				流动负债：			
货币资金	1			短期借款	33		
交易性金融资产	2			交易性金融负债	34		
应收票据	3			应付票据	35		
应收账款	4			应付账款	36		
预付款项	5			预收账款	37		
应收利息	6			应付职工薪酬	38		
应收股利	7			应交税费	39		
其他应收款	8			应付利息	40		
存货	9			应付股利	41		
其中：消耗性生物资产	10			其他应付款	42		
一年内到期的非流动资产	11			一年内到期的非流动负债	43		
其他流动资产	12			其他流动负债	44		
流动资产合计：	13			流动负债合计：	45		
非流动资产：							
可供出售金融资产	14			长期借款	46		
持有至到期投资	15			应付债券	47		
长期应收款	16			长期应付款	48		
长期股权投资	17			专项应付款	49		
投资性房地产	18			预计负债	50		
固定资产	19			递延所得税负债	51		
在建工程	20			其他非流动负债	52		
工程物资	21			非流动负债合计	53		
固定资产清理	22			负债合计：	54		
生产性生物资产	23						
油气资产	24			所有者权益（或股东权益）：	55		
无形资产	25			实收资本（或股本）	56		
开发支出	26			资本公积	57		
商誉	27			减：库存股	58		
长期待摊费用	28			盈余公积	59		
递延所得税资产	29			未分配利润	60		
其他非流动资产	30			所有者权益合计：	61		
非流动资产合计：	31						
资产总计：	32			负债及所有者（或股东）权益总计：	62		

单位负责人：　　　　财会负责人：　　　　复核：　　　　制表：

图4－1－1　资产负债表格式

上年年末资产负债表相关项目的名称和数字按照本年度的规定进行调整，填入“年初余额”栏内；如果企业发生了会计政策变更、前期差错更正，应当对“年初余额”栏中的有关项目进行相应调整。

二、“期末余额”栏的填列方法

企业应当根据资产、负债和所有者权益类账户的期末余额填列资产负债表“期末余额”栏，具体方法如下：有的项目直接根据总账账户余额填列；有的项目根据若干个总账账户余额合计数填列；有的项目直接根据明细账户余额填列；有的项目根据总账账户和明细账户的余额分析填列；有的项目是根据总账账户和其备抵账户抵销后的净额填列；有些项目综合运用上述填列方法分析填列。

知识链接 资产负债表各项填列方法

1. 资产项目

(1) “货币资金”项目，反映企业库存现金、银行结算户存款、外埠存款、银行汇票存款、银行本票存款、信用卡存款、信用证保证金存款、存出投资款等的合计数。本项目应根据“库存现金”“银行存款”“其他货币资金”账户的期末余额合计数填列。

(2) “交易性金融资产”项目，反映资产负债表日企业分类为以公允价值计量且其变动计入当期损益的金融资产，以及企业持有的直接指定为以公允价值计量且其变动计入当期损益的金额资产的期末账面价值，该项目应根据“交易性金融资产”账户的相关明细账户期末余额分析填列。自资产负债表日起超过1年到期且预期持有超过1年的以公允价值计量且其变动计入当期损益的非流动金融资产的期末账面价值，在“其他非流动金融资产”项目反映。

(3) “应收票据”项目，反映资产负债表日以摊余成本计量的，企业因销售商品、提供服务等收到的商业汇票，包括银行承兑汇票和商业承兑汇票。该项目应根据“应收票据”账户的期末余额，减去“坏账准备”账户中相关坏账准备期末余额后的金额分析填列。

(4) “应收账款”项目，反映资产负债表日以摊余成本计量的、企业因销售商品、提供服务等经营活动应收取的款项。该项目应根据“应收账款”账户的期末余额，减去“坏账准备”账户中相关坏账准备期末余额后的金额分析填列。

(5) “应收款项融资”项目，反映资产负债表日以公允价值计量且其变动计入其他综合收益的应收票据和应收账款等。

(6) “预付款项”项目，反映企业按照合同规定预付的款项。本项目应根据“预付账款”和“应付账款”账户所属各明细账户的期末借方余额合计数，减去“坏账准备”账户中有关预付账款计提的坏账准备期末余额后的净额填列。如“预付账款”账户所属有关明细账户期末有贷方余额的，应在本表“应付账款”项目内填列。

（7）“其他应收款”项目，应根据“应收利息”“应收股利”和“其他应收款”账户的期末余额合计数，减去“坏账准备”账户中相关坏账准备期末余额后的金额填列。其中的“应收利息”账户仅反映相关金融工具已到期可收取但于资产负债表日尚未收到的利息。基于实际利率法计提的金融工具的利息应包含在相应金融工具的账面余额中。

（8）“存货”项目，反映企业期末在库、在途和在加工中的各项存货的可变现净值或成本，包括各种材料、商品、在产品、半成品、周转材料、发出商品、委托代销商品等。本项目应根据“原材料”“材料采购”“周转材料”“库存商品”“发出商品”“委托加工物资”“委托代销商品”“生产成本”“受托代销商品”等账户的期末余额合计，减去“受托代销商品款”“存货跌价准备”账户期末余额后的净额填列。材料采用计划成本核算以及库存商品采用计划成本或售价核算的企业，还应按加或减材料成本差异、商品进销差价后的金额填列。

（9）“合同资产”项目，反映企业已向客户转让商品而有权收取对价的权利。本项目应根据“合同资产”账户的相关明细账户期末余额分析填列。如同一合同下的合同资产和合同负债应当以净额列示，其中净额为借方余额的，应当根据其流动性在“合同资产”或“其他非流动资产”项目中填列，已计提减值准备的，应按减去“合同资产减值准备”账户中相关的期末余额后的金额填列；其中净额为贷方余额的，应当根据其流动性在“合同负债”或“其他非流动负债”项目中填列。

（10）“持有待售资产”项目，反映资产负债表日划分为持有待售类别的非流动资产及划分为持有待售类别的处置组中的流动资产和非流动资产的期末账面价值。该项目应根据“持有待售资产”账户的期末余额，减去“持有待售资产减值准备”账户的期末余额后的金额填列。

（11）“一年内到期的非流动资产”项目，反映企业将于1年内到期的非流动资产项目金额。本项目应根据相关的非流动资产账户期末余额分析填列。

（12）“债权投资”项目，反映资产负债表日企业以摊余成本计量的长期债权投资的期末账面价值。该项目应根据“债权投资”账户的相关明细账户期末余额，减去“债权投资减值准备”账户中相关减值准备的期末余额后的金额分析填列。自资产负债表日起1年内到期的长期债权投资的期末账面价值，在“一年内到期的非流动资产”项目反映。企业购入的以摊余成本计量的1年内到期的债权投资的期末账面价值，在“其他流动资产”项目反映。

（13）“其他债权投资”项目，反映资产负债表日企业分类为以公允价值计量且其变动计入其他综合收益的长期债权投资的期末账面价值。该项目应根据“其他债权投资”账户的相关明细账户期末余额分析填列。自资产负债表日起1年内到期的长期债权投资的期末账面价值，在“一年内到期的非流动资产”项目反映。企业购入的以公允价值计量且其变动计入其他综合收益的1年内到期的债权投资的期末账面价值，在“其他流动资产”项目反映。

(14)“长期应收款”项目，反映企业融资租赁产生的应收款项、采用递延方式具有融资性质的销售商品和提供劳务等产生的应收款项。本项目应根据“长期应收款”账户的期末余额，减去相应的“未实现融资收益”账户和“坏账准备”账户中有关长期应收款计提的坏账准备期末余额后的净额填列。

(15)“长期股权投资”项目，反映企业持有的对子公司、联营企业和合营企业的权益性投资，本项目应根据“长期股权投资”账户的期末余额，减去“长期股权投资减值准备”账户期末余额后的净额填列。

(16)“其他权益工具投资”项目，反映资产负债表日企业指定为以公允价值计量且其变动计入其他综合收益的非交易性权益工具投资的期末账面价值。该项目应根据“其他权益工具投资”账户的期末余额填列。

(17)“投资性房地产”项目，反映企业为赚取租金或资本增值，或两者兼有而持有的房地产的成本或公允价值，包括已出租的土地使用权、持有并准备增值后转让的土地使用权及已出租的建筑物等。本项目应根据“投资性房地产”账户的期末余额，减去“投资性房地产累计折旧（摊销）”和“投资性房地产减值准备”账户期末余额后的净额填列。

(18)“固定资产”项目，反映资产负债表日企业固定资产的期末账面价值和企业尚未清理完毕的固定资产清理净损益。该项目应根据“固定资产”账户的期末余额，减去“累计折旧”和“固定资产减值准备”账户期末余额后的金额，以及“固定资产清理”账户的期末余额填列。

(19)“在建工程”项目，反映资产负债表日企业尚未达到预定可使用状态的在建工程的期末账面价值和企业为在建工程准备的各种物资的期末账面价值。该项目应根据“在建工程”账户的期末余额，减去“在建工程减值准备”账户期末余额后的金额，以及“工程物资”账户的期末余额，减去“工程物资减值准备”账户期末余额后的金额填列。

(20)“使用权资产”项目，反映资产负债表日承租人企业持有的使用权资产的期末账面价值。该项目应根据“使用权资产”账户的期末余额，减去“使用权资产累计折旧”和“使用权资产减值准备”账户期末余额后的金额填列。

(21)“无形资产”项目，反映企业持有的各项无形资产。本项目应根据“无形资产”账户的期末余额，减去“累计摊销”和“无形资产减值准备”账户期末余额后的净额填列。

(22)“开发支出”项目，反映企业开发无形资产过程中发生的能够资本化形成无形资产成本的支出。本项目应根据“研发支出”账户中的“资本化支出”明细账户的期末余额填列。

（23）“长期待摊费用”项目，反映企业已经发生但应由本期和以后各期负担的分摊期限在1年以上的各种费用，如以经营租赁方式租入固定资产的改良支出等。本项目应根据“长期待摊费用”账户的期末余额，减去将于1年内（含1年）摊销的数额之后的金额分析填列。长期待摊费用中在1年内（含1年）摊销的部分，在本表“一年内到期的非流动资产”项目填列。

（24）“递延所得税资产”项目，反映企业确认的可抵扣暂时性差异产生的递延所得税资产。本项目应根据“递延所得税资产”账户的期末借方余额填列。

（25）“其他非流动资产”项目，反映企业除以上非流动资产以外的其他长期资产。本项目应根据有关账户的期末余额填列。

2. 负债项目

（1）“短期借款”项目，反映企业向银行或其他金融机构等借入的期限在1年以下（含1年）的借款。本项目应根据“短期借款”账户的期末余额填列。

（2）“交易性金融负债”项目，反映资产负债表日企业承担的交易性金融负债，以及企业持有直接指定为以公允价量变动计入当期损益的金融负债的期末账面价值。该项目应根据“交易性金融负债”账户相关明细账户的期末余额填列。

（3）“应付票据”项目，反映资产负债表日以摊余成本计量的企业因购买材料、商品和接受服务等开出、承兑的商业汇票，包括银行承兑汇票和商业承兑汇票。该项目应根据“应付票据”账户的期末余额填列。

（4）“应付账款”项目，反映资产负债表日以摊余成本计量的、企业因购买材料、商品和接受服务等经营活动应支付的款项。该项目应根据“应付账款”和“预付账款”账户所属的相关明细账户的期末贷方余额合计数填列。

（4）“预收款项”项目，反映企业按合同规定预收的款项。本项目应根据“预收账款”和“应收账款”账户所属各有关明细账户的期末贷方余额合计数填列。如“预收账款”账户所属明细账户期末有借方余额的，应在本表“应收账款”项目内填列。

（5）“合同负债”项目，反映企业已收或应收客户对价而应向客户转让商品的义务。本项目应根据“合同负债”账户的相关明细账户期末余额分析填列。如果同一合同下的合同资产和合同负债应当以净额列示，其中净额为贷方余额的，应当根据其流动性在“合同负债”或“其他非流动负债”项目中填列。

（6）“应付职工薪酬”项目，反映企业将于资产负债表日后12个月内支付的职工薪酬。本项目应根据“应付职工薪酬”账户明细账户的期末贷方余额分析填列。企业将于资产负债表日起12个月之后支付的职工薪酬应在本表中的非流动负债中反映。如“应付职工薪酬”账户期末为借方余额，则以“－”填列。

(7)“应交税费”项目，反映企业按照税法规定计算应缴纳的各种税费。企业代扣代缴的个人所得税，也通过本项目列示。本项目应根据“应交税费”账户的期末贷方余额填列，如“应交税费”账户期末为借方余额，则以“－”填列。

注意 “应交税费”账户下的“预交增值税”“应交增值税”“待抵扣进项税额”“待认证进项税额”等明细账户期末借方余额应根据情况，在“其他流动资产”或“其他非流动资产”项目列示；“应交税费”账户下的“待转销项税额”等明细账户期末贷方余额应根据情况，在“其他流动负债”或“其他非流动负债”项目列示；“应交税费”账户下的“未交增值税”“简易计税”“转让金融商品应交增值税”“代扣代交增值税”等明细账户期末贷方余额在“应交税费”项目列示。

(8)“其他应付款”项目，应根据“应付利息”“应付股利”和“其他应付款”账户的期末余额合计数填列。其中的“应付利息”账户仅反映相关金融工具已到期应支付但于资产负债表日尚未支付的利息。基于实际利率法计提的金融工具的利息应包含在相应金融工具的账面余额中。

(9)“持有待售负债”项目，反映资产负债表日处置组中与划分为持有待售类别的资产直接相关的负债的期末账面价值。该项目应根据“持有待售负债”账户的期末余额填列。

(10)“租赁负债”项目，反映资产负债表日承租人企业尚未支付的租赁付款额的期末账面价值。该项目应根据“租赁负债”科目的期末余额填列。自资产负债表日起1年内到期应予以清偿的租赁负债的期末账面价值，在“一年内到期的非流动负债”项目反映。

(11)“一年内到期的非流动负债”项目，反映企业核算的非流动负债在资产负债表日后1年内到期部分的金额。本项目应根据相关的非流动负债账户期末余额分析填列。

(12)“长期借款”项目，反映企业向银行或其他金融机构借入的期限在1年以上(不含1年)的借款。本项目应根据“长期借款”账户的期末余额填列。

(13)“应付债券”项目，反映企业为筹集长期资金而发行的债券。本项目应根据“应付债券”账户的期末余额填列。本项目下的“优先股”和“永续债”两个项目，分别反映企业发行的分类为金融负债的优先股和永续债的账面价值。

(14)“长期应付款”项目，反映资产负债表日企业除长期借款和应付债券以外的其他各种长期应付款项的期末账面价值。该项目应根据“长期应付款”账户的期末余额，减去相关的“未确认融资费用”账户的期末余额后的金额，以及“专项应付款”账户的期末余额填列。

(15)“预计负债”项目，反映企业已确认尚未支付的预计负债。本项目应根据“预计负债”账户的期末余额填列。按照2017年修订的《企业会计准则第14号——收入》相关规定确认为预计负债的应付退货款，应当根据“预计负债”账户下的“应付退货款”明细账户是否在1年或一个正常营业周期内清偿，在“其他流动负债”或“预计负债”项目中填列。

(16)“递延收益”项目，反映尚待确认的收入或收益。本项目中摊销期限只剩1年或不足1年的，或预计在1年内（含1年）进行摊销的部分，不得归类为流动负债，仍在该项目中填列，不转入“一年内到期的非流动负债”项目。

(17)“递延所得税负债”项目，反映企业已确认的应纳税暂时性差异产生的递延所得税负债。本项目应根据“递延所得税负债”账户的期末余额填列。

(18)“其他非流动负债”项目，反映企业除以上非流动负债项目以外的其他非流动负债。本项目应根据有关账户的期末余额填列。如其他非流动负债价值较大的，应在会计报表附注中披露其内容和金额。

上述非流动负债各项目中将于1年内（含1年）到期的非流动负债，应在“一年内到期的非流动负债”项目内单独反映。上述非流动负债各项目均应根据有关账户期末余额减去将于1年内（含1年）到期的非流动负债后的金额填列。

3. 所有者权益项目

(1)“实收资本（或股本）”项目，反映企业各投资者实际投入的资本（或股本）总额。本项目应根据“实收资本”（或“股本”）账户的期末余额填列。

(2)“其他权益工具”项目，反映企业发行的除普通股以外分类为权益工具的金融工具的账面价值。本项目应根据“其他权益工具”账户的期末余额填列。本项目下的“优先股”和“永续债”两个项目，分别反映企业发行的分类为权益工具的优先股和永续债的账面价值。

(3)“资本公积”项目，反映企业资本公积的期末余额。本项目应根据“资本公积”账户的期末余额填列。

(4)“库存股”项目，反映企业持有尚未转让或注销的本公司股份金额。本项目根据“库存股”账户的期末余额填列。

(5)“其他综合收益”项目，反映企业根据企业会计准则规定未在当期损益中确认的各项利得和损失的期末余额。本项目应根据“其他综合收益”账户的期末余额填列。

(6)“盈余公积”项目，反映企业盈余公积的期末余额。本项目应根据“盈余公积”账户的期末余额填列。

(7)“未分配利润”项目，反映企业尚未分配的利润。本项目应根据“本年利润”账户和“利润分配”账户的余额计算填列。未弥补的亏损在本项目内以“-”填列。

练一练

情境描述

百业公司2019年10月31日有关总账和明细账的余额见表4－1－1。

表4－1－1 总账和明细账余额表

资产账户	借或贷	余额	负债和所有者权益账户	借或贷	余额
库存现金	借	1 800	短期借款	贷	350 000
银行存款	借	1 050 000	应付票据	贷	400 000
交易性金融资产	借	30 000	应付账款	贷	80 000
应收票据	借	10 000	——丙公司	贷	82 000
应收账款	借	62 000	——丁公司	借	2 000
——甲公司	借	68 000	预收账款	贷	21 000
——乙公司	贷	6 000	——C公司	贷	21 000
坏账准备	贷	3 000	其他应付款	贷	9 000
预付账款	借	50 000	应付职工薪酬	贷	15 000
——A公司	借	54 000	应交税费	贷	40 000
——B公司	贷	4 000	长期借款	贷	30 000
其他应收账款	借	3 000	实收资本	贷	1 920 000
在途物资	借	12 000	资本公积	贷	10 000
原材料	借	300 000	盈余公积	贷	80 000
生产成本	借	120 000	利润分配	借	19 200
库存商品	借	70 000	本年利润	贷	20 000
长期股权投资	借	100 000			
固定资产	借	1 900 000			
累计折旧	贷	80 000			
无形资产	借	50 000			
合计		2 955 800	合计		2 955 800

要求：根据以上资料，编制百业公司2019年10月末的资产负债表（表4－1－2）。

表4－1－2 资产负债表

编制单位： 年 月 日 单位：元

资产	期末余额	年初余额	资产和所有者权益	期末余额	年初余额
流动资产：			流动负债：		
货币资金			短期借款		
交易性金融资产			交易性金融资产		

（续）

资产	期末余额	年初余额	资产和所有者权益	期末余额	年初余额
应收票据			应付票据		
应收账款			应付账款		
预付账款			预收账款		
应收利息			应付职工薪酬		
应收股利			应交税费		
其他应收款			应付利息		
存货			应付股利		
一年内到期的非流动资产			其他应付款		
其他流动资产			一年内到期的非流动负债		
流动资产合计			其他流动负债		
非流动资产：			流动负债合计		
可供出售金融资产			非流动负债：		
持有至到期投资			长期借款		
长期应收款			应付债券		
长期股权投资			长期应付款		
投资性房地产			专项应付款		
固定资产			预计负债		
在建工程			递延所得税负债		
工程物资			其他非流动负债		
固定资产清理			非流动负债合计		
生产性生物资产			负债合计		
油气资产			所有者权益：		
无形资产			实收资本		
开发支出			资本公积		
商誉			减：库存股		
长期待摊费用			盈余公积		
递延所得税资产			未分配利润		
其他非流动资产			所有者权益（或股东权益）总计		
非流动资产合计					
资产总计			负债和所有者权益（或股东权益）总计		

过程考核评价

资产负债表编制过程考核评价的内容见表4－1－3。

表4－1－3 资产负债表编制过程考核评价表

学习任务4－1 资产负债表编制					
学员姓名		学号		班级	日期
项目	考核项目	考核要求	配分	评分标准	得分
知识目标	资产负债表概述	能正确描述资产负债表的概念	10	描述不清楚扣5分，每缺失一项扣2分	
知识目标	资产负债表编制方法	能描述资产负债表的编制方法	10	描述不清楚扣5分，每缺失一项扣2分	
能力目标	编制单位名称、日期和数据单位	（1）日期正确； （2）按顺序编号； （3）摘要简明扼要； （4）说明清楚，书写整洁	20	不符合要求者，每项扣5分	
能力目标	期初余额	（1）填制正确； （2）借贷合计数相等	10	每填写错误一项扣5分	
能力目标	资产项目填制	资产各项目金额填制正确且合计数正确	10	不符合要求者，每项扣5分	
能力目标	负债、所有者权益项目填制	负债及所有者权益各项目金额填制正确且合计数正确	10	不符合要求者，每项扣5分	
能力目标	期末余额	资产合计与负债及所有者权益合计数正确且相等	10	不符合要求者，每项扣5分	
方法及社会能力	过程方法	（1）学会自主发现、自主探索的学习方法； （2）学会在学习中反思、总结，调整自己的学习目标，在更高水平上获得发展	10	学员在工作中有反思，有创新见解、能自主发现、自主探索，考官酌情给5～10分	
方法及社会能力	社会能力	小组成员间团结、协作共同完成工作任务，养成良好的职业素养（如工服穿戴、工位卫生等）	10	（1）工服穿戴不全扣5分； （2）工位卫生情况差扣5分	
实训总结		你完成本次工作任务的体会（学到哪些知识，掌握哪些技能，有哪些收获）：			
得分					

工作小结

项目二 利润表编制

任务描述

利润表是反映企业一定会计期间经营成果的报表。由于它反映的是某一期间的情况，所以，又被称为动态报表。有时，利润表也被称为损益表、收益表。

当前国际上常用的利润表格式有单步式和多步式两种。单步式是将当期收入总额相加，然后将所有费用总额相加，一次计算出当期收益的方式，其特点是所提供的信息都是原始数据，便于理解；多步式是将各种利润分多步计算求得净利润的方式，便于使用人对企业经营情况和盈利能力进行比较和分析。

为了更好地完成利润表的编制，我们应该预先掌握什么知识呢？

知识储备 利润表概述

利润表是反映企业一定会计期间经营成果的会计报表。利润表反映的收入、费用、利润的金额和构成情况，能够反映企业经营的业绩和管理者的经营能力；通过对利润表的分析，可以评价企业的获利能力，预测企业的经营前途及利润增减趋势。

根据我国《企业会计准则》的规定，利润表主要包括以下 7 个方面的内容。

1．营业收入

营业收入＝主营业务收入＋其他业务收入

2．营业利润

营业利润＝营业收入－营业成本－税金及附加－销售费用－管理费用－研发费用－财务费用－资产减值损失－信用减值损失＋其他收益（－其他损失）＋投资收益（－投资损失）＋净敞口套期收益（－净敞口套期损失）＋公允价值变动收益（－公允价值变动损失）＋资产处置收益（－资产处置损失）

3．利润总额

利润总额＝营业利润＋营业外收入－营业外支出

4．净利润

净利润＝利润总额－所得税费用

5．其他综合收益的税后净额

本项目反映企业根据会计准则规定未在当期损益中确认的各项利得和损失扣除所得税

影响后的净额，包括：不能重分类进损益的其他综合收益和以后将重分类进损益的其他综合收益。

6. 综合收益总额

综合收益总额 = 净利润 + 其他综合收益的税后净额

7. 每股收益

每股收益包括基本每股收益和稀释每股收益两项指标。

任务实施

了解利润表概念后，让我们来看看如何编制利润表吧！

步骤一　利润表的结构

我国企业的利润表采用多步式格式。多步式利润表从营业收入开始，依次分步计算出营业利润、利润总额及净利润。

利润表一般由表头、表体两部分组成。表头部分应列明报表名称、编制单位名称、编制日期、报表编号和计量单位。表体部分是利润表的主体，列示了形成经营成果的各个项目和计算过程。

我国一般企业利润表格式如图 4 - 2 - 1 所示。

步骤二　利润表的编制

一、“上期金额”栏的填列方法

利润表“上期金额”栏内各项目数字，应根据上年该期利润表“本期金额”栏内所列数字填列。

二、“本期金额”栏的填列方法

利润表“本期金额”栏内各项目数字，除“基本每股收益”和“稀释每股收益”项目外，应当按照相关账户的发生额分析填列。

利润表

纳税人编码：　　　　　　　　　　　　纳税人识别号：

所属时间：____年____月至____年____月　　填表日期：________　　金额单位：元（列至角分）

项目	行次	本期金额	上期金额
一、营业收入	1		
减：营业成本	2		
营业税金及附加	3		
销售费用	4		
管理费用	5		
财务费用	6		
资产减值损失	7		
加：公允价值变动收益（损失以“－”填列）	8		
投资收益（亏损以“－”填列）	9		
其中：对联营企业和合营企业的投资收益	10		
二、营业利润（亏损以“－”填列）	11		
加：营业外收入	12		
减：营业外支出	13		
其中：非流动资产处置损失	14		
三、利润总额（亏损总额以“－”填列）	15		
减：所得税费用	16		
四、净利润（净亏损以“－”填列）	17		
五、每股收益	18		
（一）基本每股收益	19		
（二）稀释每股收益	20		

单位负责人：　　　　财会负责人：　　　　复核：　　　　制表：

图4－2－1　利润表格式

知识链接　利润表各项填列方法

1. “营业收入”项目

本项目反映企业经营主要业务和其他业务所确认的收入总额。该项目应根据“主营业务收入”和“其他业务收入”账户的发生额分析填列。

2. “营业成本”项目

本项目反映企业经营主要业务和其他业务所发生的成本总额。该项目应根据“主营业务成本”和“其他业务成本”账户的发生额分析填列。

3."税金及附加"项目

本项目反映企业经营业务应负担的消费税、城市维护建设税、教育费附加、资源税、土地增值税及房产税、车船税、城镇土地使用税、印花税等相关税费。该项目应根据"税金及附加"账户的发生额分析填列。

4."销售费用"项目

本项目反映企业在销售商品过程中发生的包装费、广告费等费用和为销售商品而专设的销售机构的职工薪酬、业务费等经营费用。该项目应根据"销售费用"账户的发生额分析填列。

5."管理费用"项目

本项目反映企业为组织和管理企业生产经营所发生的管理费用。该项目应根据"管理费用"账户的发生额分析填列。

6."研发费用"项目

本项目反映企业进行研究与开发过程中发生的费用化支出。该项目应根据"管理费用"账户下的"研究费用"明细账户的发生额分析填列。

7."财务费用"项目

"财务费用"项目下的"利息费用"项目，反映企业为筹集生产经营所需资金等而发生的应予费用化的利息支出。该项目应根据"财务费用"账户的相关明细账户的发生额分析填列。该项目作为"财务费用"项目的其中项，以正数填列。

"财务费用"项目下的"利息收入"项目，反映企业按照相关会计准则确认的应冲减财务费用的利息收入。该项目应根据"财务费用"账户的相关明细账户的发生额分析填列。该项目作为"财务费用"项目的其中项，以正数填列。

8."资产减值损失"项目

本项目反映企业计提各项资产减值准备所形成的损失。该项目应根据"资产减值损失"账户的发生额分析填列。

9."信用减值损失"项目

本项目反映企业计提的各项金融工具减值准备所形成的预期信用损失。该项目应根据"信用减值损失"账户的发生额分析填列。

10."其他收益"项目

"其他收益"项目，反映计入其他收益的政府补助，以及其他与日常活动相关且计入其他收益的项目。该项目应根据"其他收益"账户的发生额分析填列。企业作为个人所得税的扣缴义务人，根据《中华人民共和国个人所得税法》收到的扣缴税款手续费，应作为其他与日常活动相关的收益在该项目中填列。

11.“投资收益”项目

本项目反映企业确认的投资收益或投资损失。本项目应根据“投资收益”账户的发生额分析填列；如为投资损失，以“－”填列。

12.“净敞口套期收益”项目

本项目反映净敞口套期下被套期项目累计公允价值变动转入当期损益的金额或现金流量套期储备转入当期损益的金额。该项目应根据“净敞口套期损益”账户的发生额分析填列；如为套期损失，以“－”填列。

13.“公允价值变动收益”项目

本项目反映企业交易性金融资产、交易性金融负债、采用公允价值模式计量的投资性房地产等公允价值变动形成的应计入当期损益的利得或损失。该项目应根据“公允价值变动损益”账户分析填列；如为公允价值变动损失，以“－”填列。

14.“资产处置收益”项目

本项目反映企业出售划分为持有待售的非流动资产（金融工具、长期股权投资和投资性房地产除外）或处置组（子公司和业务除外）时确认的处置利得或损失，以及处置未划分为持有待售的固定资产、在建工程、生产性生物资产及无形资产而产生的处置利得或损失。债务重组中因处置非流动资产产生的利得或损失和非货币性资产交换中换出非流动资产产生的利得或损失也包括在本项目内。该项目应根据“资产处置损益”账户的发生额分析填列；如为处置损失，以“－”填列。

15.“营业利润”项目

本项目反映企业营业活动产生的利润。如为亏损，以“－”填列。

16.“营业外收入”项目

本项目反映企业发生的除营业利润以外的收益，主要包括债务重组利得、与企业日常活动无关的政府补助、盘盈利得、捐赠利得（企业接受股东或股东的子公司直接或间接的捐赠，经济实质属于股东对企业的资本性投入的除外）等。该项目应根据“营业外收入”账户的发生额分析填列。

17.“营业外支出”项目

“营业外支出”项目，反映企业发生的除营业利润以外的支出，主要包括债务重组损失、公益性捐赠支出、非常损失、盘亏损失、非流动资产毁损报废损失等。该项目应根据

“营业外支出”科目的发生额分析填列。“非流动资产毁损报废损失”通常包括因自然灾害发生毁损、已丧失使用功能等原因而报废清理产生的损失。企业在不同交易中形成的非流动资产毁损报废利得或损失不得相互抵销，应分别在“营业外收入”项目和“营业外支出”项目进行填列。

18.“利润总额”项目

本项目反映企业实现的利润总额。如为亏损总额，以“－”填列。

19.“所得税费用”项目

本项目反映企业应从当期利润中扣除的所得税费用。该项目应根据“所得税费用”账户的发生额分析填列。

20.“净利润”项目

“（一）持续经营净利润”和“（二）终止经营净利润”项目，分别反映净利润中与持续经营相关的净利润和与终止经营相关的净利润；如为净亏损，以“－”填列。该两个项目应按照《企业会计准则第42号——持有待售的非流动资产、处置组和终止经营》的相关规定分别列报。

21.“其他综合收益的税后净额”项目

“其他权益工具投资公允价值变动”项目，反映企业指定为以公允价值计量且其变动计入其他综合收益的非交易性权益工具投资发生的公允价值变动。该项目应根据“其他综合收益”账户的相关明细账户的发生额分析填列。

“企业自身信用风险公允价值变动”项目，反映企业指定为以公允价值计量且其变动计入当期损益的金融负债，由企业自身信用风险变动引起的公允价值变动而计入其他综合收益的金额。该项目应根据“其他综合收益”账户的相关明细账户的发生额分析填列。

“其他债权投资公允价值变动”项目，反映企业指定为以公允价值计量且其变动计入其他综合收益的债权投资发生的公允价值变动。企业将一项以公允价值计量且其变动计入其他综合收益的金融资产重分类为以摊余成本计量的金融资产，或重分类为以公允价值计量且其变动计入当期损益的金融资产时，之前计入其他综合收益的累计利得或损失从其他综合收益中转出的金额作为该项目的减项。该项目应根据“其他综合收益”账户下的相关明细账户的发生额分析填列。

“金融资产重分类计入其他综合收益的金额”项目，反映企业将一项以摊余成本计量的金融资产重分类为以公允价值计量且其变动计入其他综合收益的金融资产时，计入其他综合收益的原账面价值与公允价值之间的差额。该项目应根据“其他综合收益”账户下的相关明细账户的发生额分析填列。

“其他债权投资信用减值准备”项目，反映企业按照《企业会计准则第22号——金融工具确认和计量》（财会〔2017〕7号）第十八条分类为以公允价值计量且其变动计入其他综合收益的金融资产的损失准备。该项目应根据“其他综合收益”账户下的“信用减值准备”明细账户的发生额分析填列。

“现金流量套期储备”项目，反映企业套期工具产生的利得或损失中属于套期有效的部分。该项目应根据“其他综合收益”账户下的“套期储备”明细账户的发生额分析填列。

22.“综合收益总额”项目

综合收益，是指企业在某一期间除与所有者以其所有者身份进行的交易之外的其他交易或事项所引起的所有者权益变动。本项目金额等于本表“净利润”项目和“其他综合收益的税后净额”项目的合计数。

23.“每股收益”项目

本项目反映普通股或潜在普通股已公开交易的企业以及正处于公开发行普通股或潜在普通股过程中的企业的每股收益信息，包括基本每股收益和稀释每股收益。

（1）“基本每股收益”项目，反映企业普通股股东持有每一股份所能享有的企业的利润或承担的企业的亏损。

企业应当按照归属于普通股股东的当期净利润除以当期实际发行在外普通股加权平均数计算确定。

（2）“稀释每股收益”项目，反映企业存在稀释性潜在普通股的情况下，以基本每股收益为基础，考虑稀释性潜在普通股影响的每股收益。

企业存在稀释性潜在普通股的，应当根据其影响分别调整归属于普通股股东的当期净利润以及发行在外普通股的加权平均数，并据以计算稀释每股收益。

练一练

情境描述

假设某企业为增值税一般纳税企业，2019年12月份发生下列经济业务。

（1）企业销售材料一批，价款10 000元，增值税销项税额1 700元，货款及税金采用商业汇票结算，收到面额11 700元的商业承兑汇票一张。

（2）企业按合同发出商品一批，价款130 000元，增值税销项税额22 100元，该货款已于上月预收，金额为100 000元（该企业未单独设置“预收账款”账户）。

（3）企业用银行存款支付专设的销售部门销售产品的运杂费5 000元，向慈善机构支付捐款5 000元。

（4）企业以银行存款支付本季度的短期借款利息1 300元（未采用预提方式）。

（5）月末，结算本月应付行政管理部门人员的工资及福利 11 400 元。

（6）月末，按规定计算本月的销售产品的消费税等销售税金 2 500 元。

（7）月末，结转已售产品的生产成本 80 500 元，已售材料的成本 5 000 元。

（8）月末，经批准盘盈存货的价值 200 元。

（9）假设企业按月计算所得税费用，本月没有任何调整事项，企业根据利润总额计算本期应交纳的所得税（所得税率为 25%）。

要求：根据以上资料编制 2019 年 12 月份利润表，表 4－2－1。

表 4－2－1　利润表

编制单位：　　　　（2019 年 12 月）　　　　单位：元

项目	本期金额	上期金额
一、营业收入		略
减：营业成本		略
营业税金及附加		略
销售费用		略
管理费用		略
财务费用		略
资产减值损失		略
加：公允价值变动收益（损失以“－”填列）		略
投资收益（亏损以“－”填列）		略
其中：对联营企业和合营企业的投资收益		略
二、营业利润（亏损以“－”填列）		略
加：营业外收入		略
减：营业外支出		略
其中：非流动资产处置损失		略
三、利润总额（亏损以“－”填列）		略
减：所得税费用		略
四、净利润（净亏损以“－”填列）		略
五、每股收益	略	略
（一）基本每股收益	略	略
（二）稀释每股收益	略	略

¥ 过程考核评价

利润表编制过程考核评价的内容见表4－2－2。

表4－2－2 利润表编制过程考核评价表

<table>
<tr><th colspan="6">学习任务4－2 利润表编制</th></tr>
<tr><td>学员姓名</td><td></td><td>学号</td><td></td><td>班级</td><td>日期</td></tr>
<tr><td>项目</td><td>考核项目</td><td>考核要求</td><td>配分</td><td>评分标准</td><td>得分</td></tr>
<tr><td rowspan="2">知识目标</td><td>利润表概述</td><td>能正确描述利润表的概念</td><td>10</td><td>描述不清楚扣5分，每缺失一项扣2分</td><td></td></tr>
<tr><td>利润表编制方法</td><td>能描述利润表的编制方法</td><td>10</td><td>描述不清楚扣5分，每缺失一项扣2分</td><td></td></tr>
<tr><td rowspan="4">能力目标</td><td>编制单位名称、日期和数据单位</td><td>（1）日期正确；
（2）按顺序编号；
（3）摘要简明扼要；
（4）说明清楚，书写整洁</td><td>20</td><td>不符合要求者，每项扣5分</td><td></td></tr>
<tr><td>营业利润</td><td>营业利润项目本期发生额计算正确，且营业利润计算正确</td><td>15</td><td>每填写错误一项扣5分</td><td></td></tr>
<tr><td>利润总额</td><td>营业外收支项目本期发生额填制正确，且利润总额计算正确</td><td>15</td><td>不符合要求者，每项扣5分</td><td></td></tr>
<tr><td>净利润</td><td>所得税本期发生额填制正确，且净利润计算正确</td><td>10</td><td>不符合要求者，每项扣5分</td><td></td></tr>
<tr><td rowspan="2">方法及社会能力</td><td>过程方法</td><td>（1）学会自主发现、自主探索的学习方法；
（2）学会在学习中反思、总结，调整自己的学习目标，在更高水平上获得发展</td><td>10</td><td>学员在工作中有反思，有创新见解，有自主发现、自主探索，考官酌情给5～10分</td><td></td></tr>
<tr><td>社会能力</td><td>小组成员间团结、协作共同完成工作任务，养成良好的职业素养（如工服穿戴、工位卫生等）</td><td>10</td><td>（1）工服穿戴不全扣5分；
（2）工位卫生情况差扣5分</td><td></td></tr>
<tr><td colspan="2">实训总结</td><td colspan="4">你完成本次工作任务的体会（学到哪些知识，掌握哪些技能，有哪些收获）：</td></tr>
<tr><td colspan="2">得分</td><td colspan="4"></td></tr>
</table>

工作小结